자본의 본성에 관하여 외

ON THE NATURE OF CAPITAL

책세상문고·고전의 세계

자본의 본성에 관하여 외

ON THE NATURE OF CAPITAL

소스타인 베블런 지음

·

홍기빈 옮김

책세상

일러두기

1. 이 책은 소스타인 베블런Thorstein Veblen의 글 세 편을 옮긴 것이다. 각 글의 번역 대
   본은 아래와 같다.

   (1) 자본의 본성에 관하여 1 : 자본재의 생산성
       "On the Nature of Capital", *Quarterly Journal of Economics* 22(1908년 8월),
       517~542쪽.

   (2) 자본의 본성에 관하여 2 : 투자, 무형 자산, 금융의 거물
       "On the Nature of Capital : Investment, Intangible Asset, and Pecuniary
       Magnitude", *Quarterly Journal of Economics* 23(1908년 11월), 104~136쪽.

   (3) 현대의 영리적 자본
       "Modern Business Capital", *The Theory of Business Enterprise*(New York :
       Charles Scribner's Sons, 1904), 133~176쪽.

2. 〈자본의 본성에 관하여〉 1, 2에서 원문의 문단이 너무 길다고 생각되는 경우 옮긴이가
   적절히 나누었다.

3. 주는 모두 후주로 처리했으며, 베블런의 글에서 저자의 주는 '(저자주)'로, 옮긴이의 주
   는 '(옮긴이주)'로 구분해 표시했다.

4. 주요 인명과 지명, 책명은 최초 1회에 한하여 원어를 병기했다.

5. 맞춤법과 외래어 표기는 1989년 3월 1일부터 시행된 〈한글 맞춤법 규정〉과 《문교부 편
   수자료》, 《표준국어대사전》(국립국어원)을 따랐다.

대학 시절 회계사 시험을 준비하던 선배가 있었다. 활달하고 재미난 성격을 가진 선배는 마음에 안 드는 후배를 타이르를 적에 "'회계'하라, '결산일'이 다가왔느니라"라고 외치곤했다. 물론 '심판의 날'을 생각하여 '회개悔改'하라는 말을 그렇게 장난스럽게 빗댄 것이지만, 그 이후로 20년간 신자유주의적인 금융 자본주의 시대를 살아오면서 나는 자꾸 그 선배의 말을 떠올리게 되었다.

심판의 날을 뜻하는 영어 표현 중에 '결산의 그날the Day of Reckoning'이라는 것이 있다. 악인들이 언제 천벌을 받던가. 선인들이 언제 보상을 받던가. 물론 신의 장부에는 인간들의 죄업과 선업이 모두 기록되며, 그에 대한 상벌의 크기도 차변 대변에 모두 기록되어 있다. 하지만 닳고 닳은 죄인들은 '온갖 금융 기법을 동원하여'[1] 부도수표와 환어음을 발행하고, 심지어 악행을 파생 상품으로 만들어 유동화까지 동원하면서 원금 지불을 가볍게 다음 생으로, 또 다음 생으로 '롤오

버'하며 대대손손 부귀영화 연부역강을 누린다. 반면 땀 흘려 정직하게 살아가는 선인들은 '내가 너의 선행을 기억하고 있으니 언젠가 보상하리라'라는 신의 말씀이 적힌 공채 한 장만 달랑 쥔 채, 실제 세계에서는 그 승승장구의 악인들의 발길질 앞으로 동댕이쳐진다. 그놈의 공채는 정기적인 이자 지불은 고사하고 도대체 만기일조차 몇백 년인지 몇십억 년인지 알 수가 없으니 현재 가치로 할인도 못하고 따라서 채권 시장에 내다 팔 수도 없다. 그러나 이렇게 실질 가치를 가진 자산이 천대를 당하고 온갖 정크본드와 물타기 주식이 창궐하는 금융 시장을 신께서 한없이 참지는 않으신다. 천사의 나팔소리가 창공을 울릴 심판의 그날, 모든 이들은 신의 장부 앞에 한 줄로 서서 원금에 이자까지, 그것도 복리로 계산하여 정산을 하게 될 것이다. 그리하여 악인들은 무저갱의 불길로 떨어질 것이며 선인들은 천국의 복락을 누리리라……

이 글을 쓰고 있는 2008년 말은 매도프라는 이의 거대 '폰지 금융' 사건으로 온 미국이 시끄럽다. 하지만 크루그먼Paul Krugman이나 프리드먼Thomas Friedman이 지적하고 있듯이, 지난 십몇 년간 월스트리트를 중심으로 전 세계가 벌여온 이 '금융화 비즈니스'는 폰지 금융과 얼마나 다른가? 화폐는 생물이 아니므로 새끼tokos(이 그리스어는 '이자'라는 뜻도 가지고 있다)를 낳을 수 없다는 것은 몇천 년 전 아리스토텔레스 때부터 알려진 자명한 진리이다. 따라서 돈을 놓고 돈을 번다는 금융 자본의 논리라는 것은 실제의 경제 활동과 어떤 관계가 있는지 명확하게 해명되어야 하고 그 논리에 따라 규제와 지도가 이루어져야 마땅할 것이다. 하지만 지난 30년간 사람들의 의식을 지배했던 경제 과학이라는 것은 '금융 시장을 완전히 풀어놓으면 모든 것이 번영으로 귀착되게 되어 있다'는, 사실상 주문에 가까운 것이었다.

10년 전쯤 경제학자들은 미국 경제가 드디어 '인플레이션 없는 지속 성장과 경기 순환의 소멸'이라는 '신경제'에 진입했다고 주장했다. 몇 년 전에는 미국 금융 시장에는 가치 평가로 포착되지 않는, 천체 이론 물리학에나 나오는 '검은 물질dark mass' 같은 것이 있어서 자산 가격을 떠받치고 있으며, 그래서 계속적으로 그곳으로 자본이 유입되는 것이 당연하다고 했다. 파생 상품의 무제한적 유동화라는 어이없는 장난이 벌어질 적에 그린스펀Alan Greenspan 등등은 뭐라고 했는가. 바로 1년 전 누리엘 루비니Nouriel Roubini가 금융 위기로 가는 길을 거의 정확하게 예견―그의 성취를 폄하하는 것은 결코 아니지만, 사실 대단히 '상식적인' 주장이었다― 했을 때 경제학자들은 또 '수리 모델도 없는 주장을 심각하게 받아들일 이유가 없다'고 일축했다. 그 말을 듣고 행동했던 사람들은 연금을 날리고 집을 날렸으며, 금융을 신 성장 동력으로 삼겠다며 '금융 허브' 구축에 나섰던 아이슬란드는 처

참하게 파산하여, 이제 '다음 세대까지 정어리만 먹으며 살아야 한다'는 말이 돌고 있다. 그런데 바로 어제까지도 이러한 거대한 폰지 금융의 수레바퀴를 굴리라고 독려하던 이들은 지금도 같은 무대에 그대로 선 채, 마치 이전부터 그렇게 생각해온 것처럼 정반대의 이야기를 하면서 또 대학과 매체와 정가를 주름잡고 있다. 요컨대 지난 몇십 년간 인류는 금융화의 '연금술'이라는 주술에 걸려 있었던 셈이다. 연금술사들이 보통 사람으로서는 도저히 알 수 없는 기호와 상징과 언어를 사용하여 사람들을 홀렸던 것처럼 이들도, 심지어 조지 소로스George Soros 같은 이들조차 전혀 이해할 수 없는 복잡한 논리와 요설을 동원하여 자신들의 주장을 정당화했다. 하지만 이제 '결산의 그날'은 오고 말았다.

그런데 과연 '그날'이 온 것일까? 주류 경제학과 금융 이론의 주술이 이런 결과를 낳았다고 해서 모든 것을 선명하게 따져볼 수 있는 '신의 장부'가 이 땅에 내려온 것은 아니다. 그동안 신자유주의적 금융 자본주의를 비판한 진영이라고 해서 이 금융의 연금술을 정확하게 해명하고 그것을 비판하는 논리를 가지고 있었던 것이 아니었기 때문이다. '자본주의는 결국 위기에 봉착하게 되어 있다'는 주장을 줄곧 반복하는 행위나, 복잡한 금융 등의 논리는 싹 빼고 정치나 문화 윤리 등의 '소프트'한 쪽에만 비판을 집중하는 행위도 사실상 이러한 지구적 차원의 지적·제도적 위기를 불러온 한 요인이라고 불러 마땅할 것이다.

현재의 지구적 금융 위기가 얼마나 오래갈지, 그 과정에서 어떤 진통과 새로운 모순의 맹아를 또 낳게 될지 등등은 아직 알 수 없다. 하지만 분명한 것은 지금이라도 '금융 자본주의'라는 것 자체에 대한 정확한 과학적 해명을 해야 한다는 것이다. 좌파이든 우파이든 각각의 이데올로기적 선입견과 전제에 근거하여 잘 꾸며져 있는 저 낯익은 '신화'들을 다시 외우는 것으로는 이 위기가 해결되지 않을 것이다. 자본의 본성, 자본 축적 과정의 본질, 이윤의 발생과 크기의 결정 등에 대해 사실 그대로의 과학적 이론을 발전시키지 못한다면, 이번의 위기는 미래에도 계속 지겹게 다시 반복될 것이다.

그런데 바로 이렇게 중요한 열쇠가 되어줄 '자본 이론'이 지금 아직도 수수께끼로 남아 있는 상태이다. 신고전파도 마르크스주의도 자본 이론은 이미 백 년 전부터 끊임없는 논쟁에 시달리다가 사실상 파산한 상태이지만, 학계는 바로 그 '업계의 관행'상 침묵의 카르텔로 이러한 사실을 덮어버린 것이다.[2] 게다가 학계는 지난 몇십 년간 다시 나타난 금융 자본주의의 축적 메커니즘을 해명해주는 것에는 더욱더 무능력했다. 이러한 정황에 비추어 볼 때, 앞으로 우리가 현재의 금융 위기를 제대로 해결하고 경제 체제의 불안정성을 해결할 새로운 청사진을 얻을 수 있을지가 더욱 불확실하게 느껴진다.

여기 번역하여 내놓는 글들은 바로 이 '자본의 본성'을 해명하는 새로운 이론을 다루고 있다. 베블런Thorstein Veblen은 신고전파의 자본 이론도 완전히 거부했지만, 마르크스주의의 자본 이론 또한 그와 동일한 전제를 공유하는 것으로 보아 기각했다. 대신 그가 착목한 지점은 실제의 현실에서 '자본'이라는 이름의 제도가 작동하는 과정을 사실적으로 분석하는 것이고, 그 과정에서 그가 찾아낸 사실은 자본이란 경제적 생산 행위 그 자체와는 아무런 관련이 없으며, 소유권이라는 법적·제도적 권력을 이용한 재분배의 방법에 불과하다는 것이었다. 나아가 그는 주식회사와 자본 시장의 단계로 경제가 발전하면서 이러한 '화폐적 존재'로서의 자본이 어떻게 금융 자본주의라는 새로운 방식을 배태하는지, 거기에서의 이윤의 발생과 축적 메커니즘은 무엇인지를 차례로 해명했다.

그의 자본 이론 및 자본주의 경제에 대한 이론은 그의 주요 저서들과 논문들을 종합해서 살펴보아야 충분히 이해될 수 있겠으나, 다행히도 그는 자신의 저서들에 펼쳐져 있는 논지들 중에서 바로 이 '자본의 본성'에 대한 것들만을 추려 짧고 축약적인 논문 두 편으로 출간한 바 있다. 그것이 이 책에 소개하고 있는 앞의 두 논문이다. 그리고 두 번째 논문의 말미에 나오는, 투자 은행과 대기업의 인수 합병 등을 중심으로 한―요즘 용어로 '주주 자본주의적'―금융 자본주의 체제에 대한 설명이 부족하다고 느껴져서 그의 주저 중 하나인 《영리 기업의 이론*The Theory of Business Enterprise*》의 제6장을 추가했다. '자본의 본성'에 대한 두 글의 경우 원문의 긴 문단들을 내가 적당하게 나누어가며 번역했다. 가뜩이나 논지가 대단히 압축적이고 복잡하여 처음 읽는 이들은 어려움을 겪을 만한 글인데, 베블런은 과연 당시의 독일 사회과학 문헌의 필체에 친숙한 학자답게 때로는 한 문단을 두 페이지에 가깝게 늘여 쓰기까지 하고 있어서, 그대로는 무리가 있을 것이라고 판단했기 때문이다.

자본의 본성과 축적 메커니즘은 무엇인지, 그것이 어떻게 금융 자본주의로 전화하는지, 금융 자본주의로 가는 사회적·정치적 전제는 무엇인지에 대한 대안적인 연구는 지금 막 시작되고 있는 상태이다. 아무쪼록 이 작은 책이 베블런의 독창적인 '권력 자본 이론'에 한국의 독자들이 관심을 갖는 계기가 되기를 빌어 마지않는다.

이 책을 준비하는 과정에서 도움을 준 이들을 적어둔다. 내 박사 논문 지도교수인 조너선 닛잔Jonathan Nitzan은 처음으로 베블런을 소개해주고 그 이해를 지도해주었다. 금융경제연구소의 이종태 연구위원은 베블런의 저작이 현재 한국에서 벌어지고 있는 '금융화' 현상에서 갖는 심대한 함의를 이해하고 이 작업에 격려를 아끼지 않았다. 나도 참가하고 있는 '21세기 자본주의 연구회'의 식구들은 게으른 나에게 채찍질을 가하며 작업을 독려해주었다. 마지막으로, 소스타인 베블런에게 감사한다. 아둔한 나로서는 아마 몇 생에 걸쳐서도 깨치지 못했을 것들을 이 거인의 어깨 위에 올라선 덕에 흘끔이나마 보게 되었으니까. 그가 이 작은 책으로 내가 그에게 진 부채를 조금이라도 탕감해주기만을 빌 뿐이다.

2008년 12월 몬트리올에서

옮긴이 홍기빈

자본의 본성에 관하여 1

자본재의 생산성3

경제 이론을 설명하는 가운데 흔히 자본을 한 묶음의 '생산적 재화'라고 말하고 있다. 그런데 이러한 표현 그리고 그것과 같은 표현인 '자본재capital goods'라는 표현에서 즉각 떠오르는 것은 산업 장비들, 주로 여러 산업 과정에서 사용되는 기계 장치이다. 또 이 기계 장치들이나 다른 보조적 자본재들의 생산적 효율성을 더 깊이 분석해 들어가서 그것을 노동자들의 생산적 노동으로 환원하는 것도 흔히 벌어지는 일이다. 널리 받아들여지는 경제 이론 체계에서, 궁극적으로 생산성을 담지하는 요소는 개별 노동자의 노동이라고 되어 있기 때문이다. 오늘날 경제학의 여러 생산 이론들은 분배 이론들과 마찬가지로 개인주의의 개념들로 기술되고 있는데, 특히 널리 퍼져 있는, 쾌락주의적 전제에 입각한 이론들에서[4] 그러한 경향이 더욱 강하게 드러난다.

인간 행동에 관한 진리가 무엇인가라는 질문에는 무수히 많은 측면들이 있겠으나, 최소한 경제적 측면에 있어서는 다음과 같이 답할 수 있다. 인간은 결코 개인으로 고립된 채 자급자족하는 식으로는 살지 않는다. 이는 실제로도 벌어진 적이 없거니와 잠재적으로도 가능성조차 없는 일이다. 인간의 본성이라는 차원에서 볼 때 그러한 일은 한마디로 있을 수 없다. 고립된 채로 삶을 영위하는 것은 개인이건 개별 가정 경제이건 어느 대대손손의 집안이건 가능하지 않은 일이다. 경제라는 관점에서 보자면 이것이야말로 인류를 다른 동물들과 가르는 뚜렷한 특징이다. 인류가 살아온 역사는 크기와 결속력 또 여러 세대에 걸친 문화적 연속성 등이 다양한 여러 인간 공동체들이 살아온 역사이다. 인간적 삶이라는 현상은 오직 이러한 공동체라는 형식을 통해서만 벌어지는 것이다.

인간 집단의 연속성, 일관성, 응집성은 비물질적인 성격의 것이다. 이는 지식과 그 활용 방법, 생활 습관과 생각의 습관 등에 달려 있는 문제이지 기계적인 연속성이나 사람들의 기계적 접촉에 달려 있는 문제가 아니며 심지어 혈연의 문제도 아니다. 지금까지 발견된 인간 공동체, 즉 낮은 단계의 문화에 있는 모든 종족들은 장소를 막론하고 한 묶음의 기술적 지식이라 할 어떤 것을 갖고 있다. 이는 그 집단의 생계 영위에 필수적인 지식으로서, 최소한 다음과 같은 기초적인 발명품들, 즉 언어, 불 사용법, 날카로운 것의 사용법, 뾰족한 막대의 사용법, 꿰뚫는 도구의 사용법, 노끈·밧줄·가죽끈 등의 사용법과 그것들을 매듭짓거나 꼬는 방법 등으로 이루어져 있다.

이러한 수단 방법에 대한 지식과 짝을 이루는 것이 생계에 필요한 재료들의 물질적 속성에 대한 실용적인 지식이니, 이 둘은 항상 함께 나타나기 마련이며, 그 지식의 양도 한 개인이 자기 혼자의 경험 또는 배움을 통해서 얻을 수 있는 양을 훨씬 넘는다. 이러한 생계의 수단과 방법에 대한 정보와 기술은 그 집단 전체의 소유이다. 다른 집단에서 빌려 와 덧붙인 지식을 제외한다면 그 지식은 오롯이 그 집단의 생산물이며 어느 한 세대가 만들어낸 것도 아니다. 표현상의 자유를 허락한다면, 이 지식은 그 공동체가 가지고 있는 비물질적 장비라고, 즉 그 공동체의 무형 자산[5]이라고 부를 수 있을 것이다. 그리고 최소한 초기 시대만 하더라도 이것이 공동체의 자산 혹은 장비 가운데에 더할 나위 없이 가장 중요하고 비중이 큰 항목이었다. 이러한 공동의 비물질적 장비에 접근할 수 없다면 그 공동체의 어떤 개인도 어떤 소집단도 생계를 유지할 수 없으며 발전을 도모하는 것은 더욱 불가능하다.

이렇게 축적되어 있는 지식과 관행은 아마도 느슨하고 비공식적인 방식으로 보유된다고 볼 수 있다. 하지만 이는 분명 집단 전체에 고루 스며 있는 공동의 축적으로서, 그 집단의 집단적인 역량으로서 보유되는 것이다. 또 이 축적된 지식과 관행이 전수되고 양이 불어나는 것도 그 집단에 의해 또 그 집단 차원에서 벌어지는 일이다. 이러한 식으로 전수되는 것이 너무 느슨하여 자칫하면 끊어질 것처럼 보일지 모르지만, 그렇다고 해서 개인들이나 개별의 가계家系 차원에서 벌어질 수 있는 일은 더욱 아니다. 생계의 수단과 방법에 대한 필수적인 지식과 기술은 그 공동체 전체의 삶의 산물—아마 부산물일 것이다—이며, 또한 오로지 공동체 전체 차원에서만 보유되고 유지될 수 있는 것이다. 선사 시대 인류 생활상에 대해서는 자료를 얻을 수 없으니 알 수 없지만, 대부분의 미개인 집단과 또 정보를 얻을 수 있는 초기 단계에 관한 한 다음과 같은 사실이 확인된다고 보인다. 즉, 어떤 공동체가 스스로의 유지 그리고 그 성원 개개인들과 하위 집단의 유지를 위해 필수적으로 소유하는 기술적 지식의 묶음은 어느 개인이나 어느 일개 가계가 익혀서 전수하기에는 너무나 큰 부담이라는 사실이다. 이것이 '최신 산업 기술'이 진보한 단계의 사회일수록 더욱 엄격하고 일관되게 나타난다는 것은 말할 것도 없는 일이다.

그런데 다음과 같은 사실도 상당히 놀랄 만한 일반성을 띠고 있는 진리인 듯하다. 즉 어떤 문화적 공동체가 깨지거나 성원들의 숫자가 심각하게 줄어드는 사태를 겪게 되면 원래 하찮아 보이는 수준이었던 그 공동체의 기술적 유산이 그나마 더욱 질이 낮아지고 양이 줄어든다는 것이다. 다른 한편 다음과 같은 것도 비슷한 만큼의 보편성을 지닌 진리라고 본다. 즉 우리가 낮은 단계의 경제 발전이라고 부르는 종류의 공동체에서 개인 혹은 소집단을 뽑아내어 더 큰 규모의 효율적인 기술을 가르치고 훈련시켜 다시 돌려보낼 경우, 그렇게 훈련받고 돌아온 개인 혹은 집단은 자신의 공동체가 가지고 있는 본래의 기술적 경향에 저항할 수 없으며 어떤 의미 있는 변화도 창출하지 못한다는 것이다. 이러한 실험을 반복하다 보면 조금씩 기술적 변화가 나타날 수도 있겠지만 이는 대수롭지 않은 것이며 또 일시적인 것이기 십상이다. 게다가 그러한 변화가 실제로 나타나는 것은 그 새로운 지식이 공동체 전체로 확산되고 소화될 때에만 비로소 가능하다. 따라서 그 변화가 그 특수 훈련을 받은 개인이나 집단이 특별한 효율성을 보여준 것 자체에 기인하는 것이라고 보기는 힘들다.

또한 기술적 지식이 전승되는 것은 혈연이 아니라 전통과 관습을 타고서 이루어지는데, 전통과 관습이란 그 공동체 생활의 틀 전체를 담는 광범위한 것이 될 수밖에 없다. 비교적 작은 규모의 원시 공동체조차도 그 생활 수단과 방법에 관한 지식의 이론과 실제를 구성하는 세부적 내용은 한 개인이나 가계가 모두 능숙하게 익힐 수 없을 만큼 많은 양이다. 게다가 거기에서 파생되는 것들은 광범위하고도 다양한 방향에 걸쳐 있어서 공동체 성원 모두의 생활과 노동에 직간접으로 연결되기 마련이다. 어떤 공동체의 기술적 발명품과 장비 중 어떤 부분에서이건 상당한 변화—좋은 쪽이건 나쁜 쪽이건―가 도입되면 그 공동체 성원 모든 개인의 일상과 노동 또한 그 표준과 절차에서 모두 변화를 겪기 마련이다.

만약 공동체의 크기가 불어나 근대 문명국가와 같은 수준이 되고 그 비물질적 장비의 크기와 다양성도 그에 맞먹도록 커지게 되면, 기술적 과정에서 일어나는 이런저런 세부적 변화와 그 공동체의 누구누구의 재산이 불어난 것 사이의 어떤 직접적 함수 관계를 추적하기가 점점 어려워질 것이다. 하지만 최소한 다음과 같이 말할 수 있다. 기술의 이론과 실제에 대한 지식의 양과 복잡성이 증가한다고 해서 그 지배하에 있는 개개인들의 삶과 노동이 반드시 진보적인 방향으로 해방되는 것은 아니라고.

이렇게 공동체의 삶 속에서 보유되고 사용되며 또 전수되는 기술적 지식은 물론 개개인들의 경험에서 이루어진 여러 발견들로 이루어진다. 경험, 실험, 습관, 지식, 창의성 등이란 개개인들의 삶에 나타나는 현상들로서, 공동체 전체의 지식이 생겨나는 원천은 이러한 것들일 수밖에 없다. 그 전체 차원의 지식의 총량이 불어날 수 있는가는 그 내부의 개개인들이 자기의 경험과 창의성으로 얻은 지식을 전체 차원에서 계속 축적할 수 있는가에 달려 있으며, 결국 개개인들이 다른 이들의 경험에서 무언가를 배우는 것이 가능한가에 달려 있다.

하지만 좀 더 나은 수단과 방법의 발명과 발견에서 나타나는 개인적 창의성이나 기술적 실험들도 과거에 축적되어온 지혜에서 기껏 한 걸음 정도 나가는 것에 불과하다. 공동체 전체의 지식 축적이 토대를 제공하지 않는 한 개인의 창의성이라는 것도 있을 수 없으며 또 일정한 성과를 가져오는 창의성이 있었다고 해도 그것이 공동체 전체의 지식 축적의 확장으로 이어지지 않는 한 아무런 효과를 낳을 수가 없는 것이다. 그리고 그런 식으로 달성되는 발명이나 발견이라는 것들에서는 기존의 지식이 항상 많은 비중을 차지하기 마련이어서 그 발명가나 발견자 개인이 창조적으로 기여한 몫이란 상대적으로 하찮은 정도이다.

문화 발전의 어떤 단계를 살펴보든 이 공동의 지식 축적이라는 무형의 기술적 장비는 상대적으로—즉 한 개인이 그것을 만들거나 사용하는 능력과 비교했을 때—더 크고 복잡하다. 그리고 그 공동의 지식 축적의 성장과 활용의 역사야말로 물질문명의 역사라고 할 수 있다. 이 무형의 기술적 장비란 바로 필요 물자 조달의 수단과 방법에 대한 지식이며, 그 지식은 그 공동체의 성원들이 생계 수단으로 삼는 물질적 발명품들 및 그 사용 과정들 속에 체현되어 있다. 이 물질적 발명품들과 과정들을 거치지 않고는 그러한 기술적 효율성을 실현할 길이 없다.

이 '물질적 발명품들'('자본재', 물질적 장비)이란 도구, 용기容器, 운반 시설, 원자재, 건물, 하수도 등등과 토지 같은 것들을 일컫는다. 하지만 여기에는 유용한 광물, 식물, 동물들도 들어가는데, 초기의 기술 발전은 특히 이 후자에 집중되어 있다. 이러한 광물, 식물, 동물들이 일정한 유용성을 가지게 된다는 말—다른 말로 하자면 이것들이 경제적 재화라는 말—은 곧 그것들이 그 옛날 공동체의 수단과 방법에 대한 지식의 범위 안에 들어오게 되었다는 것을 뜻한다.

원시적 문화의 상대적 초기 단계들에서는 그러한 유용한 식물들과 광물들이 오늘날에도 목재나 어류가 그러한 것처럼 야생의 상태로 사용되었음이 틀림없다. 하지만 이것들이 유용하다면 곧 어김없이 그 공동체의 물질적 장비('유형 자산')의 일부로 여겨졌다. 이를 잘 보여주는 경우들을 들자면, 대평원 인디언들Plains Indians과 북미 물소(버펄로)의 관계나 북서 인디언들과 연어의 관계, 또 코아우일라 인디언들Coahuilas, 오스트레일리아의 흑인들이나 안다만 제도 원주민들의 공동체들이 야생 식물계를 활용하는 방법들을 들 수 있다.

하지만 시간, 경험, 창의성 등이 축적되면서 길든(즉 개량된) 식물이나 동물들이 우선적인 위치를 갖게 되었다. 그리하여 우리는 '기술이 낳은 발명품들'을 얻게 되는데, 이것들은 우선 개략적으로는 여러 품종의 가축들로 보이지만 더욱 세세하게 들어가면 다양한 곡물들, 과일들, 구근 식물들처럼 사실상 인간의 사용을 위해 인간이 만들어낸 모든 것들을 포함한다. 그리고 좀 더 엄밀하게 진실을 말한다면 이것들은 주로 여성들이 만들어낸 것으로, 오랜 시대에 걸쳐서 여러 종을 선별하고 배양함으로써 창조된 것이라고 해야 할 것이다. 물론 이것들이 유용성을 가지게 된 것은 인간들이 그 사용법을 배웠기 때문이며, 그것도 인간들이 오랜 시간 많은 경험과 실험으로 과거의 축적된 성과물들에서 한 걸음씩 전진한 덕에 이것들이 전체 인간들에게 유용하게 쓰이게 된 것이다. 먼 훗날 이러한 것들을 훨씬 능가하는 유용성을 가진 사물들이 나타날 수도 있다. 하지만 그런 것들을 옛날의 초기 단계의 문화로 가져가봐야 그 문화가 아직 그것들을 유용하게 쓸 수 있는 사회적 단계에 이르러 있지 못하므로 그것들이 아무 쓸모가 없고 따라서 경제적 존재 가치도 얻지 못하게 되는데, 이는 그 시대 인간들이 그것을 쓸 수 있는 지식 수준이 아직 제한되어 있기 때문이다.

이러한 산업의 비물질적 장비라고 할 수 있는 공동체의 무형 자산이 분명히 항상 상대적으로 매우 중요했고 또 항상 공동체 차원에서 주로 보존되어온 것에 반하여, 물질적 장비, 즉 유형 자산이라 할 만한 것들은 인간 문화의 생활사에서 최근까지 비교적 그리 중요하지 않은 것이었으며 또 분명 개인들 혹은 가정 경제 집단들에 의해 다소 느슨한 형태로 소유되어왔다(현재까지의 인류사에서 지난간 90퍼센트의 기간은 여기에 들어간다 할 수 있다). 이러한 물질적 장비는 기술 발전의 초기 단계에는 지금과 비교하면 아주 하찮은 것이었고 물질적 장비의 보유권이라는 것도 모호하고 불확실한 모습을 띠고 있었다. 비교적 초기의 발전 단계에서, 그리고 기후나 환경 조건이 보통일 경우, 생산의 수단과 방법에 대한 지식이 상식의 수준에 머물러 있을 경우 그 지식을 활용하는 데 필요한 구체적 물품들('자본재')을 누가 갖고 있는가는 별로 중요치 않은 문제였다—이는 고전파를 따르는 경제학자들이 보통 취하는 관점과는 정반대되는 것이다.

그러한 사회에서는 기술적 지식이나 훈련 등이 모두가 알고 있는 상식이었기 때문에 그것을 실행에 옮기는 데 필요한 물적 장비도 보잘것없는 수준이었고, 따라서 그것을 획득하거나 제작해 사용하는 것이 저절로 가능했으리라 여겨지는 것이 거의 당연하다. 그 물적 장비가 여러 마리의 가축이나 개량 품종 나무나 채소의 농장 이외의 것일 경우에는 특히 그러하다. 상황에 따라서는 비교적 원시적인 기술적 설계에도 상당히 많은 숫자의 물질적 장비가 포함되어 있을 수 있는데, 이는 블랙풋Blackfoot 인디언들이 버펄로 황소를 몰아넣는 우리piskun라든가 북서 해안의 강변에 사는 인디언들의 연어 잡는 통살 같은 것에서 볼 수 있는 바이다. 그 경우 이러한 품목의 물질적 장비들을 보유하고 사용하는 것은 개인이 아니라 그 공동체 전체이거나 아니면 상당한 크기의 하위 집단 등 집단적 성격을 띠게 될 가능성이 높다.

한편 좀 더 일반적이며 지배적인 것으로 보이는 보통의 조건에서는, 작물의 경작이 비교적 상당히 진보된 이후의 단계에서도 거기에 들어가는 산업 장비는 심각한 문제가 되지 않으며, 그 장비가 그것으로 경작한 땅이나 재배된 식물들과 무관한 것일 경우에는 더더욱 그러하다. 그러한 문화 단계에 있는 여러 민족들 사이에서 소유권에 대한 지배적인 관념은 특이하도록 느슨하며 하찮은 것이라는 사실이 이 점을 잘 보여준다. 원시 공산제 단계의 사례는 알려진 바가 없다.

하지만 공동체가 공유하는 기술적 지식의 축적이 양, 범위, 효율성 등이 증가하면서 그러한 수단 방법에 대한 지식을 실현하는 데에 필요한 물질적 장비들도 개개인의 역량보다 점점 더 커지고 또 중요성도 늘어나게 된다. 그리고 산업을 효과적으로 계속하려면 기술 발전의 방향이 비교적 큰 단위의 물질적 장비가 필요한 형태를 취할 수도 있다. 그 밖에도 필요한 물질적 장비를 누가 점유하고 있는가가 중대한 문제가 되는 방향으로 기술 발전이 이루어질 수도 있고, 그 결과 그러한 물질적 수단을 갖추지 못한 개인들이 경제 활동에서 심각한 장애를 만나게 되면서 그 장비들을 지금 당장 점유하고 있는 자들의 지위가 뚜렷이 분리될 수 있다. 그렇게 되면 그 즉시 또 그렇게 된 정도에 비례하여 폭력이 개입하고 재산권이 뚜렷한 형태를 취하기 시작하는 모습을 볼 수 있으며, 소유권의 원리도 더욱 힘과 일관성을 갖추게 되며, 마침내 인간들은 자본재를 축적하는 데에 골몰하면서 또 그 축적을 안전하게 방어하기 위한 조치들을 취하기 시작한다.

인구가 증가하게 되면 그와 동시에 또는 그 이후에 산업 기술도 상당한 정도로 진보하는 것은 종종 벌어지는 일이다. 그러한 인구 증가가 벌어진 뒤에는 생계 수단을 조달하는 일이 쉬워질 수도 있고 더 어려워질 수도 있다. 하지만 이용 가능한 공간과 원자재는 상대적으로 줄어들게 되며, 또 공동체의 몇몇 부분들이 다른 부분들에 비해 그러한 공간과 원자재에 대해 더욱 큰 접근성을 갖는 일도 벌어지기 마련이다. 광범위한 통제도 더 쉬워진다. 동시에 효과적인 산업의 수행에 필요한 물질적 장비의 단위도 더 커지게 된다.

이러한 상황이 전개되면, 당대의 최신 산업 기술로 공동체 살림에 필요한 것들을 조달하는 과정 속에서 강한 무력을 갖춘 개인이 나타나 그 과정에 필수적인 비교적 희소한 물자들을 자기 것으로 만들어버리게 되며, 이를 통해 수단과 방법에 대한 공동체 전체의 지식의 활용을 독점 혹은 '매점corner' 해버리는 일이 가치 있는—다시 말해서 해볼 만한—것이 된다.[6] 공간적 조건이나 각종 수량화로 인해 이러한 새로운 기술적 조건에서 도망치는 것은 불가능하게 된다. 이러한 새로운 조건 아래에서는 재화 조달의 수단과 방법에 대한 공동체 전체의 지식을 실행에 옮기려면 당대의 최신 산업 기술에 적합하게 만들어진 물질적 장비를 사용하는 길밖에 없다. 그런데 이 최신 기술에 적합한 물질적 장비란 이제 더 이상 노동하는 사람이 자신의 창의성이나 근면함을 빌려 어떻게 우회해볼 수 있는 것이 아닌 것이다. 가진 자에게 복이 있나니 Beati possidentes.

일정한 기술적 조건이 주어졌을 때 주로 강조되는 물질적 품목이 어떤 것들인가는 기후, 지형, 동물 및 식물학적 생태, 인구 밀도 등등이 가하는 제약 조건에 따라 이렇게 저렇게 변할 수 있다. 마찬가지로 동일한 제약 조건의 지배하에서, 재산권 그리고 소유권 원리(이는 사유 관습habits of thought일[7] 뿐이다)의 초기 발생 또한 전체 공동체의 당대의 기술적 효율성을 독점하는 데에 어떤 것이 가장 전략적으로 유리한가라는 원칙에 따라 이런저런 물품들에 집중되어 이루어질 수 있다.

예를 들어 기술적 조건, 즉 당대의 산업 기술의 조건으로 보아 육체노동, 즉 노동자적인 기술과 근면 등에 전략적 중요성이 집중되고 또 게다가 인구 증가로 인해 토지가 상대적으로 희소하게 되거나 혹은 다른 공동체들과의 적대적 충돌로 인해 성원들이 넓은 땅에 마음껏 흩어져서 살 수 없게 되었다고 해보자. 이때는 소유권의 발달도 우선적으로 노예제의 형태 혹은 그와 비슷하게 인간을 예속시키는 형태의 방향을 취하게 될 것이며 공동체 전체의 경제적 수단과 방법에 대한 지식을 놓고 벌어질 독점적 통제도 거칠고 직접적인 성격을 띨 것이라고 예상할 수 있다.[8] 또 반면에 기술 발전이 다시 이루어져 공동체 전체의 생계의 문제가 곧 가축 떼의 머릿수가 얼마나 자연적으로 증가하는가의 문제가 되는 방향으로 전환한다고 해보자. 이때는 이러한 가축이라는 품목의 장비들이 가장 주요하고 으뜸가는 재산권의 대상이 될 것이라고 예상하는 것이 합리적이다. 물론 사실의 측면으로 따져보면 목축 문화에는 가축의 소유권과 함께 항상 어느 정도의 인간적 예속도 공통적으로 나타난 것으로 보인다.

다른 상황이 되면, 기계적 산업 장치나 경작 가능한 토지 같은 것들이 전략적 유리함의 위치를 차지하게 되어, 사람들이 소유권의 대상으로 삼으려 드는 가장 두드러진 위치를 차지하게 될 수 있다. 지금까지 알려진 원시 문화의 공동체들을 통해 나온 증거들로 볼 때, 물질문명 발달의 초기 단계에 이러한 방식으로 우선적인 소유권의 대상이 되었던 것들은 토지나 기계 장치들 이전에 노예나 가축이었던 듯하다. 그리고 그만큼이나 명백한 또 하나의 사실—더 명백하다고 해야 할 것이다—은, 소유권의 요새이자 공동체의 산업적 효율성을 독점해버리는 수단으로서 토지가 기계보다 항상 먼저 나왔다는 것이다.

이렇게 산업 장비—보통 이 말이 쓰이는 좁은 의미에

서―에 대해 소유권을 설정하는 것이 그 장비에 따라오는 비물질적 장비까지 독점해버릴 수 있는 지배적이고도 전형적인 방법으로 쓰이게 된 것은 물질문명의 생활사life-history의 최근에 와서야 벌어진 일이다. 소유권이 이 정도로 완결된 모습에 도달할 것은 몇 번밖에 없었던 일이며, 그것도 부분적으로만 벌어졌던 일이다. 더욱이 소유권이라는 것이 아무도 감히 따지지 못할 정도의 부동의 사실로 공고하게 완성된 것은 단 한 번뿐이었다. 대략적으로 보아 노예, 가축, 토지의 소유권을 빌려 지배가 실현된 것은 인류의 전체 경제 발전 과정의 10분의 9가 지난 다음에야 비로소 이루어진 일이라고 할 수 있다.

그렇다면 기계적 장비에 대한 소유권의 경우는 어떠한가. 그것이 돈벌이 영역의 기초로서 누구도 논박하지 못할 중요성을 갖게 된 것은 인류 역사의 100분의 99가 지난 다음에야 벌어진 일이라고 할 수 있다. 사실상 이 '자본주의'―우리가 알고 있는바 산업 자본에 대한 소유권이 지배적 형태를 띠는 사회―라는 근대의 제도는 너무나 최근에 벌어진 혁신이지만 또 한편으로는 우리가 살고 있는 생활 방식에서 너무나 친근한 사실이기 때문에 이것을 거리를 두고 바라보기가 도무지 쉽지 않다. 그래서 어느 쪽에서는 이 자본주의라는 것의 존재 자체를 부인하기도 하고 또 다른 쪽에서는 이것이야말로 인간 사회의 모든 제도들 가운데 가장 오래된 자연적인 사실이라고 긍정하기도 하는 등 혼란이 벌어지고 있다.

이렇게 산업 장비의 소유권이란 공동체 전체의 무형 자산을 독점하기 위한 제도라고 설명하고 보니 본의 아니게 비난하는 것 같은 어조를 띠게 되고 말았다. 이론적인 탐구를 해나가는 마당에 이렇게 그것이 좋다거나 나쁘다는 식의 시비에 휘말리는 것은 참으로 성가신 일이 아닐 수 없다. 그렇게 문맥에서 멋대로 비난을 읽어내어 그로 인해 긍정이든 부정이든 어떤 종류의 감정적 편견을 가지게 되면 냉정하게 논지를 쫓아가는 일은 반드시 방해받게 되어 있다. 그러니 방금 나온 주장으로 심기가 불편한 분이 있다면 그것을 가능한 한 가라앉히기 위하여 잠시 좀 더 원시적이고 더 먼 형태의 제도들―이를테면 노예제나 토지 형태의 부―로 눈을 돌려보자. 그리고 거기에서부터 시작하여 우회적이고 점진적인 방법을 통해 이 산업 자본이라는 근대적 사실로 접근해오도록 하자.

이 노예제나 토지 형태의 부와 같은 고대의 소유 제도들은 역사적인 사실이다. 이런 것들은 그 시대 공동체의 생활양식에서 지배적인 요소로 간주되었기에 완벽하게 기록되어 남아 있다. 그리고 그것들이 노예의 소유자들 혹은 토지의 소유자들―어느 쪽인가는 상황에 따라 달라진다―이 전체 경제를 지배했던 기록이라고 강력하게 주장한다 해도 반박할 수 없을 것이다. 노예제가 그 전성시대에 가져왔던, 그리고 토지 형태의 부가 중세와 초기 근대에 가져왔던 현실적 결과는, 그것들이 속한 공동체 전체의 산업적 효율성을 전자의 경우엔 노예 소유자의 욕구를 충족시키도록, 후자의 경우엔 토지 소유자의 욕구를 충족시키도록 하는 것이었다. 이 제도들의 현실적 결과가 이렇다는 점에 대해서는 오늘날 반박하는 이가 없다―간혹 이 제도들을 변호하려는 주장들도 나오지만 굳이 논의를 중단해가면서까지 소개할 만한 것들은 아니다.

하지만 이런 종류의 소유 제도들이 그 당대에 가져온 직접적인 결과가 그러한 것이었다고 해서 곧바로 소유 제도 자체에 대한 비난이 저절로 도출되는 것은 아니다. 그 각각의 시대와 문화적 환경에서 노예제나 토지 형태의 부가 인간의 처지를 개선하고 인간 문화의 진보를 가져오는 데에 복무한 것이었다는 주장도 얼마든지 가능하기 때문이다. 우리의 본래 논의가 바쁜지라, 노예제나 토지 형태의 부가 문화적 진보의 수단으로서 큰 장점을 가지고 있었다는 주장에 대해서는 그 내용은 물론 설득력과 관련해서도 별로 논할 필요가 없다. 여기서 이런 것들을 언급하는 이유는 간단하다. 우리가 이제부터 행할 '자본재'의 생산성에 대한 분석이 노예제나 토지 형태의 부의 경우와 비슷한 이론적 결론에 도달한다고 해도, 그것이 곧 자본주의가 좋은 것인가를 놓고 사회주의적 비판가들과 법질서의 대변인들 사이에 벌어지는 시비로 연결되는 것은 아님을 환기하기 위해서이다.

경제 이론의 관점에서 볼 때 토지 형태를 취한 부의 성격이 무엇인가 특히 그 생산성의 성격이 무엇인가라는 문제가 있다. 이는 지난 세기 동안 가장 세심하게, 또 가장 완고한 주장들이 엇갈린 논쟁을 거치면서 검토된 바 있고, 그래서 경제학자라면 누구든 그 문제에 대한 답이 논쟁 속에서 확연하게 밝혀지는 과정을 쉽게 찾아볼 수 있을 것이다. 여기서는 관점을 약간 옮겨 그렇게 자본의 생산성이라는 우리 논의를 이미 확연하게 밝혀진 토지 지대에 대한 논쟁에 비추어서 생각해볼 필요가 있다.

지대의 본성은 차등적 이익differential gain이라는 것에 있으며, 그것은 그 토지를 사용하고 있는 산업 혹은 그 토지 주변의 산업의 생산성과의 관련 속에서 그 토지가 어느 정도의 차등적인 이득을 누리고 있는가에 달려 있다. 어떤 일정한 크기의 땅덩어리에 딸려오는 이 차등적 이득이라는 것은 다른 땅덩어리와 비교하여 매겨진 것일 수도 있고 토지 자체와는 무관하게 그 위에서 벌어지고 있는 산업과 비교하여 매겨진 것일 수도 있다. 농업용 토지에 따라붙은 차등적 이득—즉 산업 일반과 비교해보았을 때—은 그 토지를 둘러싼 기술적 조건의 여러 가지 특징들에 의존한다. 그 특징들에는 다음과 같은 것들이 들어간다. 해당된 토지와 관련을 맺는 인류나 혹은 그 한 집단의 머릿수가 그들이 살고 있는 땅의

넓이에 비해서 많아야 한다. 또 그들이 생계를 유지하는 방법, 즉 지금까지 생활의 수단과 방법이라고 불러왔던 것들이 일정한 작물과 일정한 가내 동물을 활용하는 형태를 띠고 있어야 한다. 이러한 조건들은 농업 지대를 둘러싼 논쟁에서 자명한 것인 양 전제되었던 것이지만, 만약 이런 조건들이 충족되지 않는다면 토지에 따라붙는 차등적 이점이라는 것들도 없을 것이며 따라서 지대도 나오지 않을 것이다.

교통수단에 대한 지배력이 증가함에 따라 유럽 전체 특히 영국의 농업용 토지의 가치가 감소했는데, 이는 물론 그 토지들의 비옥도가 갑자기 떨어졌기 때문이 아니라, 새로운 방법을 사용함으로써 똑같은 결과를 더욱 유리하게 얻을 수 있게 되었기 때문이다. 따라서 같은 이야기가 되겠지만, 석기와 호박琥珀이 풍부하게 묻혀 있는 발트 해협 입구의 해변 지역—오늘날 덴마크와 스웨덴의 영토가 되어 있다—이 북유럽 신석기 문화의 범위 지역에서 가장 많은 사람들이 찾는 가치 있는 땅이 되었던 것이다. 하지만 금속 문화가 도래하고 호박 교역이 상대적으로 쇠퇴함에 따라서 이 지역도 생산성이나 선호도가 뒤처지기 시작했다. 훗날 마찬가지로 '산업'이 발흥하고 통신 기술이 발달함에 따라 도시 지역의 토지는 농업 지역의 토지에 비해 훨씬 더 큰 가치를 얻게 되었고 또 항구나 철도에 상대적으로 가까운 유리한 위치를 점한 토지는 가치와 '생산적 성격'을 얻게 되었는데, 이는 현대 기술이 가져온 여러 발명품들의 존재를 전제로 했을 때만 의미 있게 되는 것들이다.

지대단일세single-tax의[9] 옹호자들과 여타 경제학자들이 그 '불로 소득unearned income'에 반대하여 펼치는 주장은 이제 충분히 익숙한 것이 되었지만, 거기에 함축된 근본적인 주장은 아직 널리 인식되지 못하고 있다. 그들 주장의 핵심은 그 불로 소득이라는 것의 원천이 다름 아닌 공동체 성원의 수적 증가와 산업 기술의 발전이라는 것이다. 이 주장은 근거가 충분한 것으로 보이며 또 널리 받아들여지는 바이다. 하지만 이 주장에 함축된 근본적인 결론은, 결국 모든 토지 가치와 토지 생산성—여기에는 '원천적이고 결코 파괴할 수 없는 토양의 힘'도 들어간다—은 '최신 산업 기술'에 의해 결정되는 함수라는 것이다. 어떤 땅덩어리가 그것에 부가된 여러 가지 생산적인 능력을 갖게 되는 것은 오로지 주어진 기술적 조건 덕분이며, 물적 수단 조달의 수단과 방법에 있어서 그 당대를 지배하는 기술적 틀 내에서 이루어지는 일이라는 것이다. 달리 말하자면, 그 토지가 유용성을 갖는 까닭, 그 유용성의 크기, 또 유용하게 쓰이는 방식 등은 오로지 사람들이 토지를 그런 식으로 활용할 수 있다는 것을 깨우쳐나가는 과정에 의해서만 결정된다는 것이다. 경제학의 범주로서의 '토지'라는 개념은 이를 전제로 하여 성립하는 것이다. 그리고 지주에게는 '순생산물net product'에 대해 청구권을 행사할 수 있는 우선적인 지위가 부여되고 있지만 그러한 지위의 근거가 되는 것은 그의 법적 권리, 즉 다른 사람들이 그의 땅덩어리를 활용하는 것을 특징으로 하는 기술적 계획들을 실행에 옮기려고 할 때 그것을 허용할지 말지, 또 허용한다면 어느 정도까지 또 어떤 조건으로 허용할지를 결정할 권리인 것이다.

이러한 불로 소득 증가에 대한 모든 주장들은 거의 한 구절도 바꿀 것 없이 그대로 '자본재'에 적용할 수 있다. 석기 시대 유럽에서 덴마크 지역에서 나는 돌들이 석기의 재료가 되어주었다는 것은 몇천 년에 걸쳐서 최고의 중요성을 갖는 경제적 결과를 낳은바, 그렇게 해서 만들어진 마제磨製 석기 도구들은 당시의 문명에서는 가치를 매길 수도 없을 만큼 중요한 '자본재'였고, 그것의 '생산성'은 너무나 심대해서 당시 세계에서 인류의 생존은 그 멋진 마제 돌도끼 날에 달려 있었다고 할 지경이었다. 석기의 공급, 그리고 그것을 사용하는 데 필요한 기계적 편의 시설들과 '자본재'가 생산성과 가치를 가질 수 있었던 것은 그 이전도 이후도 아니고 오로지 그 당대에만 한정되는 일이었다. 기술적 환경이 변화함에 따라 그 당시의 자본재들은 박물관의 진열품으로 들어가버렸고, 그것들이 인간 경제에서 차지하던 위치도 후세의 인류가 새로운 시대적 경험의 결과로서 얻게 된 '최신 산업 기술'을 체현하고 있는 새로운 기술적 발명품들에게로 넘어가게 된다.

서양 문명의 경제사에서 마제 돌도끼 등의 도구들은 점차 철제 도구들로 대체되었지만, 후자 또한 전자와 마찬가지로 오랜 경험, 그리고 수단과 방법에 대한 점진적인 학습의 산물로서 주어진 것이었다. 돌도끼와 강철 도끼는 도끼 자루를 끼워 도끼날의 묵직한 무게를 이용해 물건을 쪼갠다는 점에서도 동일하지만, 각각 그 당대에 최신의 기술이 담긴 기술적 발명품들이었다는 점에서도 동일하다. 전자이건 후자이건 역사적 관점에서, 그리고 그것을 사용한 공동체 전체의 관점에서 보게 되면 사실 정작 중요한 문제는 그것에 담겨 있는 물적 조달의 수단과 방법에 대한 지식이었던 것이다. 그 지식만 있다면 구체적인 '자본재'를 만들거나 획득하는 것 자체는 단순하고 쉬운 문제였다. '자본재'를 만드는 지식만 가지고 있다면, 토머스 먼Thomas Mun도 말하듯이, 이제 그것을 만드는 데 '그저 노동만 들어가면 된다'.

하지만 그래도 그 '자본재'의 구체적인 낱낱의 물품들은 누군가 사람의 노동으로 생산된 것이라고 주장할 수도 있고, 또 그래서 그것들이 사용될 적에 발휘되는 생산성이란 그것을 만든 사람의 노동의 생산적 성격이 간접적이고 드러나지 않는 방식으로 이양된 것에 불과하다고 주장할 수도 있다. 하지만 이 경우에도 그 자본재를 만든 인간 노동의 생산적 성격이라는 것은 그것을 만든 사람이 부릴 줄 아는 비물질적인 기술적 장비[10]에서 주어지는 함수일 뿐이며, 그 비물질적인 기술적 장비란 다시 그 사람이 속한 공동체가 오랜 기간의 경험과 창의성을 통해 천천히 일구어낸 정신적 추출물인 것이다. 공동체 전체의 축적된 비물질적 장비란 성원 전체에게 공개된 지식인 고로, 구체적인 물질적 재화를 만드는 비용이란 개별 생산자나 소유자의 입장에서 본다면 오직 그것을 만들거나 획득하는 데에 들어가는 노력, 그리고 그것에 대한 자신의 권리를 행사하는 데에 들어가는 노력만을 뜻하게 된다. 그러한 '생산재' 묶음을 만들지 않아서 그것을 획득하지 못한 이웃들도 그것을 만들거나 획득하려고 마음만 먹는다면 거기에 필요한 공동체 전체의 물질적 및 비물질적 원천을 여전히 쉽게 마음대로 활용할 수 있으므로 이와 크게 다른 관점으로 문제를 보지 않을 것이다. 그 개인이 스스로의 노동을 투여해 그러한 생산재 묶음을 자기 것으로서 가지게 되었다는 것에 대해 다른 사람들은 별 불평을 갖지 않을 것이며 그럴 이유도 없는 것이다. 하지만 이 문제는 공동체 전체의 생활을 유지하는 원천이 무엇인가 그리고 또 물질문명의 진보를 결정하는 요인은 무엇인가 따위의 질문의 차원에서 따져본다면 완전히 다른 의미를 가지게 된다.

당대의 기술적 요구를 충족하는 데에 필요한 '자본재'가 아주 보잘것없는 것이어서 보통 사람들도 그저 적당히 부지런하고 적당히 솜씨만 있다면 간단히 우회해버릴 수 있는 것이라고 해보자. 그렇다면 누구라도 공동체 전체에 축적된 그 비물질적 자산을 마음껏 가져다 쓸 수 있을 것이고 또 이것이 다른 누구에게도 방해가 되지 않을 것이니 누군가에게 특별히 따라붙는 차등적인 이득이라든가 불이익 같은 것이 생겨나지도 않을 것이다. 이러한 경제적 상황이라면 소위 자유 경쟁 체제라는 고전파 경제학 이론에 그럭저럭 조응하는 모습이 될 터이니, 그 자유 경쟁 체제라는 개념은 곧 만인의 기회 균등, 즉 '자연적 자유의 원리에 따라 구성되는 단순하고도 자명한 체제'라는 전제에 기반을 둔 것이기 때문이다.

서유럽 문명이 중세에서 근대로 이행하는 가운데 실제로 대충 그런 상황이 그런 방식으로 생겨났던바, 당시 가장 주요한 경제적 요인의 자리가 토지 재산 대신 수공업이나 '산업적' 사업체 등으로 넘어가는 일이 벌어졌던 것이다. 이 '산업적 체제' 내에서는, 관습적 특권이나 물려받은 재산과 같은 특별히 유리한 위치를 가진 비산업적 계급들이 아닌 보통 사람들도 약간의 근면성, 창의성, 절약성이 있으면 그런대로 자수성가를 할 수 있었다. 물론 이러한 기회 균등의 원리가 현실에서 관철된 방식은 극히 거칠고 문제가 많은 것이었음은 말할 것도 없다. 그래도 이 자수성가라는 점에 한해서만 보면 상황이 아주 좋아졌기 때문에, 18세기가 흘러가는 가운데 급기야 사람들은 재화에 대한 소유권만 빼고 다른 모든 특권들을 폐지하기만 하면 기회의 배분이 실질적으로 동등하게 이루어질 것이라고 믿게 되었던 것이다.

하지만 이러한 기회 균등의 사회 체제가 기술적 차원에서 실현 가능한 지점에 도달하는 것이 너무나 일시적이고 또 불안정한 것이었기에, 사람들이 기회 균등을 외치면서 경제적 개혁을 내거는 자유주의 운동의 깃발로 아직도 계속 모여들고 있던 바로 그 순간에 이미 기술적 조건은 그러한 계획에 따른 개혁을 비현실적인 것으로 만드는 쪽으로 발전의 방향을 틀고 있었다. 소유권 문제를 빼놓은 채 법 앞에서의 평등이 바로 기회 균등을 뜻한다고 주장하는 것은 그 앞 시대에는 엇비슷하게나마 진실이었을지도 모른다. 하지만 산업 혁명 이후가 되면 이러한 주장은 완전히 진실성을 잃게 된다. 이제 경제 체제는 시장에 중심을 두면서 재구성되었고 그 작동의 속도는 지도적 위치를 점한 공격적 산업들에 의해 규정되기 시작했는데, 그러한 산업들에서는 새로운 기술적 시대가 요구하는 최소 단위의 산업 장비란 이미 어떤 개인이 스스로의 노력과 상식적으로 공유된 수단과 방법에 대한 지식을 활용해 마련할 수 있는 수준의 크기가 아니었다.

또 대규모 영리 기업이 점점 성장함에 따라 옛날 식의 소생산자들의 위치는 점점 위태로워졌다. 하지만 이 시절의 사변적 이론가들은 당대의 경제생활에 벌어진 현상들을 여전히 수공업 체제의 전통과 그 체제와 한 묶음인 자연권 개념이라는 색안경을 통해 보려 했고 또 여전히 그 '자연적 자유'

라는 이상을 경제 발전의 목적이자 경제 개혁의 목표로서 숭배하고 있었다. 옛날의 상황에서 생겨난 원리들(사유 관습)이 이들을 너무나 효과적으로 지배해버린 나머지 이들은 자신들이 확립하고자 하는 기회 균등의 원칙이 기술적으로 이미 낡은 것이 되고 말았다는 현실을 보지 못하게 되었던 것이다.11

경제학에서 이 자연권류의 이론들이 백 년이 넘도록 득세했지만, 그동안에도 기술적 지식은 무섭게 발달했고 동시에 대규모 산업도 더욱 규모를 불려서 점점 지배적인 힘을 갖게 되었다. 이 대규모 산업 체제가 바로 사회주의자들과 여타의 사람들이 '자본주의'라고 부르는 것이다. '자본주의'라는 말은 그것이 실제로 쓰이는 바를 보면 그다지 명쾌하고 엄격한 기술적 용어는 아니지만 그래도 여러 구체적 목적에 쓸모가 있을 정도의 명확성은 가지고 있다. 기술적 측면에서 보자면 이 자본주의라는 것의 특징은 현재 산업 활동에 필요한 기계 장비의 최소 단위가 어떤 개인이 스스로의 노동을 통해 우회할 수 있는 것보다 더 크며, 또 어떤 한 사람이 혼자서 작동시킬 수 있는 것보다 더 크다는 점이다.

따라서 이런 의미에서의 자본주의 체제가 들어서게 되면 그 즉시, 산업 장비의 소유자(혹은 그것을 통제하는 사람)가 바로 그 장비를 생산─이 '생산'이라는 말을 아무리 단순한 의미로 쓴다고 해도─한 사람과 같은 사람일 것이라는 주장은 전혀 성립할 수 없게 된다. 그가 산업적 차원의 생산적 노동 이외에 달리 무슨 방도를 쓰지 않는다면 산업 장비의 소유권 이나 통제권을 획득할 수가 없다. 이제 산업 활동에서는 부의 축적, 그리고 타인의 무단 접근을 막을 폭력, 사기 치는 기술, 유산 상속 같은 것들이 필수적인 것이 된바, 그렇게 축적된 부를 얻는 방법이란 반드시 일종의 협상의 형태, 즉 모종의 영리 기업체business enterprise의 형태를 의미하지 않을 수 없게 된다.

산업의 영역 내에서 부가 축적되는 근원은 영리 활동에서의 이득, 즉 타인보다 유리한 협상을 통해 얻는 이익이다.[12] 상황 전체를 따져보고 또 영리사업체 조직 전체를 보았을 때, 이익의 증가와 자본의 축적을 낳는 그 유리한 협상이라는 것을 최종적으로 분석해보면 그것은 반드시 산업적 부를 소유(혹은 통제)한 자들과 노동을 통해 그 부를 생산적 산업에 활용하는 자들 사이의 협상으로 귀결된다. 이 고용 협상—흔히 임금 협정이라고 불린다—이라는 것은 자유 계약의 원칙 아래서 이루어지며, 그 결과는 수요와 공급에 따라 결정되는 것이니, 이는 많은 이들이 잘 정리해놓은 바 있다.

우리가 이야기해온 것과 같이 자본을 기술적 관점에서 본다면, 협상에 임한 자본가-고용주와 노동 계급의 관계에 대해서는 다음과 같이 말할 수 있다. 기술적인 조건으로 인해 다양한 업종에 걸쳐 일정한 규모와 방법을 채택하지 않을 수 없는 어느 정도의 압력이 생겨나게 된다.[13] 사실상 이 업종들의 산업이 제대로 수행되려면 그 기술적 조건이 요구하는 일정한 규모와 방법에 의존하지 않을 수 없으며, 이는 곧 일정한 (대규모) 크기를 가진 물적 장비를 필요로 한다. 이렇게 필요한 크기의 물질적 장비는 자본가-고용주만이 배타적으로 보유하는 것이며, 따라서 실정에 있어서de facto 보통 사람이 가질 수 있는 바가 못 된다.

이 물질적 장비에 조응하는 특정한 묶음의 비물질적 장비―수단과 방법에 대한 이론과 실제의 지식―도 마찬가지로 필수적인 것들이며, 기술적으로 볼 때 마찬가지의 절실한 필요성을 갖고 있는 것들이다. 자본가-고용주들이 보유한 물질적 장비들을 생산해내는 데 있어서도, 또 그 물질적 장비들을 산업 과정에서 계속 활용하는 과정에 있어서도 그 원천이 되는 것은 바로 이러한 비물질적 장비인 것이다. 오늘날 모든 업종에서 생산의 원천이 되는 이 비물질적 장비 전체의 규모는 이전 시대와 비교했을 때 훨씬 더 커졌다. 왜냐하면 이 비물질적 장비란 결국 철저하게 분석해보면, 사실상 산업과 관련해 오늘날까지 사회 전체에 걸쳐서 축적되어온 경험 전체이기 때문이다. 물질적 장비를 만드는 데 있어서도 또 그것이 만들어진 뒤 사용되는 데 있어서도, 사회 전체가 공유하는 것인 이 기술적 지식의 축적을 사람들이 공짜로 활용할 수 있다는 것이 반드시 보장되어야 한다. 비록 한 개인이 물질적 장비의 어느 한 단위를 설치하거나 작동시키는 데 있어서 스스로 익히거나 활용할 수 있는 비물질적 장비의 양이란 그 전체에서 극히 일부 이상이 될 수 없다고 해도 말이다.

물질적 장비의 소유자인 자본가-고용주가 스스로 소유하고 있는, 자신이 소유한(통제하는) 물질적 장비를 만들고 사용하는 데 필요한 비물질적 장비의 양은 거의 무시할 정도에 불과한 경우가 전형적이다. 그가 갖춘 지식이나 훈련이 무엇인가를 따져보게 되면, 그것은 영리 활동business에 대한 지식이지 산업industry에 대한 지식이 아니라는 것을 알 수 있다.[14] 그가 목적으로 삼는 영리 활동을 위해서 그가 갖추거나 또 갖추어야 할 기술적 훈련이란 실로 알량한 것이고 일반적인 수준을 넘지 못하며, 노동자적인 효율성의 관점에서 보자면 완전히 수박 겉핥기식의 쓸모없는 것에 불과하고, 또 그것이 실제 노동자적 활동에 활용되는 법도 없다. 따라서 그는 '영업상의 필요에서' 그 비물질적인 기술적 장비를 쓸 능력을 익힌 사람을 고용하지 않을 수 없으며, 그가 고용 협상을 벌이는 대상이 바로 그 사람이다. 대체적으로 보아 그 피고용자가 고용주의 목적에 얼마나 큰 기여를 할 수 있는가를 재는 척도는 그가 얼마만큼 기술적 능력이 있는가가 된다. 그 기술적 필수 요건을 얼마간이라도 제대로 익히지 못한 사람은 고용되지 못한다—바보들은 바보인 정도만큼 쓸모가 떨어지게 되며, 따라서 비숙련의 소위 '비지식' 노동자라고 불리는 이들도 비교적 쓸모가 적다. 하지만 비록 이들에게 상식적인 수준의 지식밖에 없다 할지라도 그들이 산업에 대해 가지고 있는 세세한 지식과 능력을 일단 절대적 크기로 따져본다면 상당한 것에 달한다. 머리에 든 것이 전혀 없으며 순전히 몸뚱이 하나만으로 뽑혀 나온 백지 상태의 인간이 있다고 가정해보자. 이 인간과 견주어본다면, 우리가 흔히 말하는 '보통 노동자'들도 사실상 고도로 훈련되고 또 다방면의 재주를 갖춘 노동자임을 알 수 있을 것이다.

자본가가 소유한 자본재는 바로 이러한 노동자들—산업 공동체, 즉 비물질적·기술적 장비의 담지자들—의 손에 들어감으로써 비로소 '생산 수단'이 된다. 이들이 없다면, 혹은 그 장비가 쓸 줄 모르는 사람들의 손에 들어간다면 그 자본재라는 것도 단순히 원자재에 불과하며, 그것도 '자본재'로 만드는 과정에서 공연히 모양만 이상하게 덧씌워지는 바람에 망가져버리고 손상당한 원자재 이상이 아닐 것이다. 노동자가 자신이 사용하는 기술적 발명품의 사용법을 제대로 숙지할수록 또 그래서 그 발명품을 능숙하게 사용할수록 그 노동자가 고용주 소유의 자본재를 사용하는 과정의 생산성도 올라갈 것이다. 마찬가지로 '감독' 노동, 즉 작업의 종류, 속도, 양 등에 있어서 여러 노동 간의 상관관계가 잘 맺어지도록 살피는 작업반장 같은 이들의 노동이 능률적으로 이루어지는가도 생산 효율성 전체에 중요한 차이를 낳게 된다. 하지만 이렇게 상관관계가 잘 맺어지도록 하는 노동이란, 그 작업반장이 전체의 기술적 조건들을 얼마나 잘 알고 있느냐 또 산업의 여러 과정 사이에 존재하는 서로에 대한 필요와 결과를 얼마나 잘 조정할 수 있느냐에 의해 결정되는 함수이다. 이렇게 적절하고도 영리하게 산업의 여러 과정들의 상관관계를 조정해주고 또 그 과정들이 제때에 산업적 조건 전체의 필요에 적응할 수 있도록 해주지 못한다면, 그 과정에 사용되는 물질적 장비들도 별다른 효율성을 갖지 못할 것이며 자본재로서의 역할도 거의 하지 못할 것이다. 어떤 주어진 물질적 장비가 '자본재'로서 얼마만큼의 효과를 갖는 것으로 등급이 매겨지는가는 이 생산의 여러 과정들을 통제하고 그 과정들이 상관관계를 맺도록 해주는 기술적 전문가─이를 우두머리 노동자, 공학자, 감독관 등 어떤 이름으로 부르든─의 통제가 얼마나 효율적으로 이루어지는가에 따라 결정된다.

이 노동자와 작업반장이 서로 어우러지며 기능하는 과정 전체에 걸쳐 자본가들의 영리라는 목적이 항상 배경에 깔려 있게 되며, 다른 조건이 동일하다면 사업가의 영리 활동이 얼마만큼의 성공을 거두는가는 바로 이 기술자들이 그 자본가가 투자한 산업의 여러 과정들을 얼마나 효율적으로 수행해나가는가에 달려 있다. 어떤 산업에 사용되는 비물질적 장비의 담지자들은 거기에서 일하고 있는 노동자들이므로, 자본가가 자신의 자본재가 일정한 구실을 하는 생산 과정을 자신의 이윤이라는 목적으로 전용할 수 있으려면 반드시 그 노동자들과의 고용 협정을 맺어야만 한다. 하지만 그 과정의 총생산물 중 노동자들이 자신들의 노동의 대가로 요구할 수 있는 일정 부분은 비용으로서 빼야만 한다. 그렇게 비용으로 빠져나가는 크기를 결정하는 것은 똑같은 노선의 기술적 효율성을 채택한 다른 자본가들과의 경쟁이다. 그러한 경쟁 속에서 노동자들에게 빠져나가는 비용의 크기가 결정되는 방식은 임금에 대한 여러 이론적 저작에 이미 잘 나와 있는 바이다.

모든 물질적 자산들이 모두 하나의 기업으로 합쳐져 고용주들 사이에서 임금 결정의 경쟁이 사라진다고 가정해본다면, 그렇게 하나로 통일되어버린 그 기업이 기술적 조건에서 나오는 힘을 통째로 가지게 될 것이며 따라서 임금으로 빠져나가는 부분의 크기란 노동 인구의 생존을 유지하는 수준에서 결정될 것이라는 점은 자명하다. 그리고 이 경우에 그 생계유지의 수준이라는 것은 고용주의 관점에서 본 그야말로 절약할 수 있는 최소한의 수준으로 줄어들 것이다. 그리고 그 고용주(자본가)는 그 공동체가 공유하는 물적 조달의 수단과 방법에 대한 지식의 총체에 대한 사실상의de facto 소유자가 될 것이다─노동 인구가 자신들의 집안 살림에서 그 비물질적 장비를 사용하는 경우만 제외하고. 오늘날의 경제적 상황이 이렇게 완결된 상태로 어느 정도까지 접근해갈 것인가에 대한 견해는 사람마다 다를 것이다. 또 이렇게 모든 부문을 포함한 기업 통합으로 경쟁이 제거되고 물질적 자산에 대한 소유권이 무제한적 독점이라는 기반 위에 확립되는 경우와 현존의 체제처럼 몇 개의 기업이 임금 결정에 있어서 경쟁을 벌이는 경우 중 어느 쪽이 노동 인구에 더 유리한가라는 포괄적인 문제 또한 중요한 문제다. 이러한 문제들에 대한 대답으로는 애매한 추측 이상이 어려울 것으로 보인다.

하지만 이 독점의 문제, 또 공동체의 비물질적 장비의 사용이라는 문제를 생각할 적에 명심해야 할 점이 있다. 혹시 누군가가 현존하는 물질적 재산을 모조리 합하여 완전히 독점하는 일이 벌어진다고 해도, 그를 통해 공동체의 기술적 발명품을 완전히 독점하는 것이 현존의 기술적 조건에서는 허용되지 않는다는 점이다. 아직도 대규모의 방법을 적용할 수 없는 산업 과정의 덩어리들이 남아 있는데 이 부문에서는 물질적 장비의 기본 단위가 그렇게 큰 것도 아니며 대규모 산업과의 상관관계가 아주 엄밀한 것도 아니기 때문에, 상당한 양의 물질적 부를 가진 이가 아니더라도 그러한 산업 과정들을 마음대로 사용하는 것에서 완전히 배제되지는 않는다. 이렇게 아직까지 독점화에 종속되지 않은 노동의 종류로 전형적인 것은 앞에서 잠깐 언급한 대로 일상적 가사 노동의 세세한 작업들 같은 것을 들 수 있다. 사실상 아직도 인구 중 상당 부분은 물질적 자산의 소유자들에 의해 통제되는 대규모 산업 과정에 의지하지 않고도 좀 불안정적이지만 그래도 '생계를 이어갈pick up a living' 수 있는 것이다. 이렇게 조금 불안정적이기는 해도 공동체에 상식으로 공유된 수단과 방법에 대한 지식을 무료로 활용할 여지가 아직 남아 있다는 것으로 인해 임금을 아주 깔끔하게 '최저 생계 수준'에다 갖다 맞추고 또 물질적 장비의 소유자들이 비물질적 장비도 사실상 완전히 소유해버리는 것은 일정한 장애를 만나게 되는 것이다.

지금까지의 논의에서 다음이 도출된다. 모든 유형 자산[15]들은 거기에 체현되어 있는 산업적 발견 및 발명, 그리고 그 물질적 자산의 소유권을 통해 그 소유자가 독점해버릴 수 있는 비물질적인 산업적 발견 및 발명 등에 그 생산성과 가치의 원천을 두고 있다. 이러한 비물질적인 산업적 발견 및 발명이라는 것은 반드시 공동체가 만들어낸 생산물이며 그 공동체의 과거와 현재에 걸친 경험에서 나온 비물질적 잔여물들로서, 그 공동체 전체의 삶과 분리해서 존재할 수 없고 또 그것을 다음 세대로 전수하려면 그 공동체 전체를 유지하는 수밖에 없다. 이와 같은 주장에 대해 자본의 생산성을 강조하는 이들은 다음과 같이 반박할지도 모른다. 손에 쥔 채 쓸 수 있는 유형의 자본재들은 그 자체로 가치를 갖는 것이며 또 특정한 생산적 효율성을 갖는 것들이라고. 물론 이 유형 자산이란 그것이 투입되는 산업적 과정들과 분리된 채로 그러한 가치나 효율성을 내놓는 것은 아니지만, 그래도 이것들은 최소한 그 산업적 과정들의 선결 조건이기 때문에 그 산업의 생산물이 나오기까지의 인과 관계의 물질적 선결 조건이기도 하며, 따라서 그러한 것으로서 가치나 생산적 효율성을 갖는다고 볼 수 있다는 것이다.

하지만 이러한 물질적 자본재들 자체도 과거의 어느 시점에서 공동체의 기술적 지식이 행사된 결과 생겨난 생산물일 뿐이니, 문제는 다시 원점으로 돌아가고 만다. 그러한 물질적 장비에 들어가는 것들 중에 비물질적이고 정신적인 성격을 갖지 않는 것, 그래서 그 공동체 전체의 경험의 비물질적 축적물이 아니라고 할 수 있는 것은 결국 그 산업적 장치들을 만드는 데 들어간 원자재raw material들밖에 없다—특히 방점을 그 '원raw'이라는 말에다 찍어둘 필요가 있다.

이 점을 명쾌하게 보여주는 사실이 있다. 어떤 기계 장치가 기술 진보로 인하여 시대에 뒤떨어진 것이 되어 새로운 기술적 과정을 체현하는 새로운 장치로 대체되면 그 옛 기계 장치에 어떤 일이 벌어지는가. 그런 장치는 흔히들 쓰는 표현대로 '고물상으로 가게 된다goes to the junk-heap'. 그것에 체현되어 있는 특정 용도의 기술적 발견 및 발명은 '개선된 방법들'과의 경쟁에서 더 이상 산업적인 효과를 갖지 못하게 되는 것이다. 그것이 갖는 기술적 이점은 이제 비물질적 자산이 되지 못한다. 이것이 이런 식으로 제거되면 그것을 담고 있는 물질적 그릇, 즉 자본재 또한 자본으로서의 가치를 더 이상 갖지 못하게 된다. 자본재를 형성하는 물질적 구성물들을 자본재로 만들어주는 것은 그 물질적 구성물들이 갖는 "근원적인 불멸의 힘들original and indestructible powers" — 리카도David Ricardo의 표현을 쓰자면 — 따위가 아니다. 또 이 근원적인 불멸의 힘들만으로는 그 물체들이 심지어 경제적 재화조차 될 수가 없다. 물론 원자재 — 토지, 광물 등등 — 는 가치를 가진 자산이 될 수 있고 또 어떤 영리 기업의 자산의 하나로 들어갈 수도 있다. 하지만 그것들이 자산으로서 갖는 가치라는 것은 장래에 그것들이 사용될 것으로 예상되는 바의 함수로서 주어지며, 이는 다시 이것들이 유용하게 쓰이게 될 것으로 예상되는 기술적 상황의 함수로서 주어진다.

이 모든 이야기가 산업이라는 현실의 물질적 측면 그리고 여러 상품들이 갖는 물질적 성격을 저평가하거나 또는 아마도 간과해버리는 것으로 보일 수도 있다. 당연한 말이지만 물질적 재화나 육체노동의 중요성을 폄하하려는 의도는 없다. 우리가 탐구하고 있는 종류의 재화도, 얻을 수 있는 재료를 훈련된 노동자가 만져서 나오는 생산물들이다. 하지만 큰 차원에서 보면 노동도 노동이 되기 위해서는 훈련을 필요로 하며 재료도 산업에 쓰이는 재료가 되기 위해서는 구할 수 있는 것이어야 한다. 그리고 훈련된 노동의 효율성 그리고 재료가 되는 물체의 사용 가능성은 모두 '최신 산업 기술'의 함수로서 결정된다.

그런데 최신 산업 기술은 다시 인간의 육체적·지적·영적 본성에서 나오는 특징들 그리고 물질적 환경의 성격에 의존하고 있다. 인간의 기술을 구성하고 있는 것은 다름 아닌 이러한 요소들이다. 그리고 이 기술은 합당한 물질적 조건들과 만났을 때에만 효율성을 발휘할 수 있으며 또 현실적으로 보아 그 작동에 필요한 물질적 힘들을 통해서만 결과를 낳을 수 있다. 인간이 동물로서 갖는 물리적 힘 또한 산업이 다루는 물체들의 물리적 성격이나 마찬가지로 산업의 필수불가결한 요소이다. 그런데 산업 생산물의 얼마만큼의 양을 혹은 그 생산성의 얼마만큼을 그 기술적 효율성을 이루는 고유의 인간적 요소들과 대조되는 바의 인간적·비인간적인 여러 종류의 물리적 힘에 기인하는 것으로 볼 것인가를 따지는 것은 별 소득이 없는 짓으로 보인다. 또 우리의 논의의 대상은 자본과 산업이 생산에서 맺는 관계, 다시 말해서 물질적 장비 및 그에 대한 소유권이 인류가 자신이 살아가는 물리적 환경을 다루는 방식과 어떤 관계를 맺고 있는가 하는 것이니, 그러한 취지의 문제들을 여기에서 더 논할 필요도 없다.

자본재라는 문제(여기에는 그 자본재의 소유권의 문제도 들어가며 따라서 투자의 문제 등도 들어간다)는 지적 능력을 가진 동물인 인류라는 종種이 자신의 재량 아래에 있는 물리적 힘을 어떻게 다루는가의 문제이다. 또 이것은 인간 행위자가 자신의 생계 수단을 어떻게 다루는가의 문제이지 물리적 환경의 여러 힘들이 인간을 어떻게 다루는가의 문제가 아니다. 이 두 번째 종류에 들어가는 질문들은 생태학ecology의 항목 아래 들어가는 것들이니, 이 학문은 식물과 동물이 환경에 적응하여 변이를 일으키는 능력을 다루는 생물학의 한 분야이다. 만약 자연 환경의 여러 힘들에 대해 인간이 반응하는 방식이 기술 같은 것과는 전혀 무관하게 오로지 본능과 생물학적 변이뿐이라면 어쩌면 경제학 연구도 그 생태학의 하부로 들어갈지도 모른다. 하지만 그런 경우라면 애초에 자본재니 자본이니 노동이니 하는 질문도 존재하지 않았을 것이다. 인간 이외의 동물에 관해 이러한 문제들을 던지는 경우란 없는 것이니까.

우리가 노동 생산성에 대해 논하고 있다면 인체에서 나오는 물리적 힘이 생산 이론에 있어서 어떤 위치를 또 얼마만큼의 몫을 차지하는가와 관련하여 상당히 당혹스러운 문제들에 부딪히게 될지도 모른다. 하지만 우리의 논의의 주제는 자본이므로, 인체의 물리적 힘들에 대한 질문으로서는 자본과의 관계에서 그것이 자본재 생산에 얼마나 들어가는가 정도밖에는 맞닥뜨릴 것이 없다. 자본에 대한 우리의 논의에서 좀 벗어나는 것이기는 하지만 그래도 상당히 밀접한 명제로서 다음과 같이 말할 수 있을 것이다. 노동의 생산력을 분석하고자 한다면, 인간의 물리적 힘들(신경과 근육의 힘들)은 인간이 거의 통제할 수 없는 환경에 의해 인간이 쓸 수 있도록 주어진 물질적 힘들이며, 또 크게 보아 소나 말과 같은 가축들에서 끌어낼 수 있는 신경과 근육의 힘들과 이론적으로 다르지 않은 것이라고 볼 수밖에 없다고 설명하게 될 것이다.

자본의 본성에 관하여 2

——

투자, 무형 자산, 금융의 거물

앞부분에서 말한 것은 소위 '자본재'라는 것에 적용되는 사실들로서, 자본재의 '자본'으로서가 아니라 '생산재'로서의 측면에 적용되는 사실들이다. 즉, 물질적 생산 수단이 산업적 혹은 기술적으로 갖는 효율성과 공헌이 쟁점이었지 투자된 부가 어떻게 사용되고 어떤 효과를 낳는가를 화폐적 차원에서 논한 것은 아니었다. 앞 장의 논의는 산업 장비를 '시설plant'로서 다룬 것이지 '자산assets'으로서 다룬 것은 아니었다. 그런데 그 논의의 과정에서, 물질적 장비의 통제를 통해서 공동체 전체의 산업적 효율성을 독점하여 이익을 보게되면 그로부터 투자라고 하는 관행이 생겨난다는 이야기가 나온바, 이는 상당한 중요성을 갖는 문제라 좀 더 자세히 주의를 기울일 이유가 있다.

투자란 금전적 거래이며 그 목적은 금전적 이득 즉 가치와 소유권의 관점에서의 이득이다. 투자된 부는 자본이다. 자본이란 하나의 금전적인 크기로서 그 양은 가치로써 측정되며 그 크기를 결정하는 가치 평가valuation는 그 투자된 부의 소유권에서 발생할 것으로 예상되는 이익의 평가에 기초하여 이루어진다. 현대의 영리 활동의 관행에서 자본은 유형 자산과 무형 자산이라는 두 개의 맞물린 범주로 나누어진다. 여기서 '유형 자산'이 지시하는 바는 금전적으로 유용한 자본재, 즉 그 소유자에게 화폐 소득을 낳아주는 가치 있는 소유물로 간주되는 것들이다. 즉 자본재란 부를 구성하는 물질적 항목들이며 자본화capitalization된 만큼의 가치를 갖는 '자산'으로서, 이 가치는 그 유형 자산들이 생산재로서 갖는 산업적 쓸모와 어느 정도 밀접히 연관되어 있다. '무형 자산'이란 부를 이루는 비물질적 항목들, 즉 비물질적인 사실 관계에 대한 소유를 일컫는 것이니, 그것의 가치 평가와 자본화는 그 비물질적 사실들에 대한 소유로부터 얼마만큼의 이득이 파생되는가에 대한 평가에 기초하여 이루어진다. 이것들도 자본화할 수 있는 만큼의 가치에 해당하는 자산들인데, 그 자본화된 가치라는 것은 그러한 항목의 부가 생산 요소로서 갖는 산업적 쓸모와는 거의 아무 상관도 없다.

무형 자산의 문제로 들어가기 전에, 투자─그리고 따라서 자본화─가 자본재의 사용과 쓸모에 대해 갖는 의미에 대해 좀 더 말해두어야 하겠다. 경제학자들은 깊이 따져보지도 않은 채로, 투자된 부에 덧붙는 이익은 그 투자된 여러 항목들로 구성된 부가 산업적 과정에서 사용되면서 발휘하는 생산성에서 파생되는 것이며 또 그 이익의 크기는 (대략) 그 생산성으로 측량된다고 치는 것이 보통이다. 그리고 그 생산성이란 공동체 전체에 얼마나 물질적으로 쓸모 있는 기여를 했는가, 즉 그 공동체 전체의 살림살이, 편의, 소비적 욕구 등에 얼마나 기여했는가라는 관점에서 따지는 것이라고 한다.

우리의 논의가 진행되는 가운데 그러한 투자된 부(유형 자산)의 채산성의 근원은 공동체 전체의 산업적 효율성을 많게 혹은 적게 독점하는 것에 있다는 것이 드러난 바 있다. 물론 물질적 자본의 총계에서 나온 이익의 총계가 증가하는 것은 공동체의 산업적 활동의 증가에 기인하는 것이며, 또 산업적 상호 작용에서 그렇게 독점당한 생산 능력의 크기와 일정한 관계를 맺고 있다. 하지만 여기에서 논하고 있는 현상들을 분석함에 있어서 명심해둘 일이 있다. 즉, 투자에서 나오는 이득의 양이 그 자본재가 실제 공동체에 가져다준 효용이라는 의미에서의 물질적 유용성과 동일하거나 일정한 비례 관계에 있다는 주장은 아무 근거가 없다는 것이다. 물론 투자 소득의 전체 크기는 공동체 전체의 산업 활동의 물질적 생산성 전체로부터 나오는 것이지만, 어떤 자본재 즉 유형 자산이 그 소유자에게 얼마만큼의 금전적 효용을 낳는가, 다시 말해서 그 가치가 얼마인가를 결정하는 것은, 공동체에 대한 효용이라는 것 이외의 요소일 수 있다는 것이다.

물질적 장비의 소유자는 자신의 소유권으로 말미암아 단지 공동체의 비물질적 장비에 대한 사용권만 얻는 게 아니라, 그것을 남용하고 방기하며 심지어 다른 사람이 쓰지 못하게 할 권리까지 얻게 된다. 이렇게 비물질적 장비를 쓰지 못하게 할 권력으로 인해 그 소유자는 사람들의 섬김을 받는 권력뿐만이 아니라 소득을 얻을 능력 또한 얻게 된다. 소득을 창출할 수 있는 것이라면 무엇이든 자본화되어 그 소유자의 부를 이루는 항목이 될 수 있다.

투자가 이루어지는 우리 시대의 상황으로 볼 때, 물질적 장비의 소유자가 산업의 여러 과정들을 축소하거나 지연하는 것—'교역의 제한'—이 금전적으로 유리하게 되는 경우가 드물지 않다. 그렇게 지연이 벌어지는 경우 항상 그 동기는 그 지연이라는 조치를 취함으로써 자본의 소유자(통제자)에게 주어지는 금전적 이득이다. 이때 그 이득이라는 말은 투자에서 소득이 나온다는 의미에서의 이득이지 공동체 전체 또는 그 소유자(경영자) 이외의 다른 어떤 공동체 성원 집단에 대한 효용성이 늘어난다는 의미에서의 이득은 아니다. 이 후자의 성격을 갖는 현상은 현재의 산업 체제에서 투자자의 금전적 이득이라는 투자 행위의 일차적인 목표와 일치하는 경우 이외에는 절대로 벌어지지 않는다. 그런 현상은 한결같이 금전적 이득을 확보하거나 금전적 손실을 회피하려는 영리사업가들의 노력에서 파생되는 부수적인 결과일 뿐이다.

영리사업가들이 여러 가지 계략을 통해 산업 활동을 억제하는 것은 이득의 증가를 위해서가 아니라 쓸데없는 낭비를 피하고 저축을 실현하기 위해서인 경우가 더 많은 듯하다. 하지만 이렇게 실현되는 저축과 또 회피되는 낭비란 항상 그 소유자 본인의 금전적 저축과 또 소유권상의 금전적 낭비의 예방을 말하는 것이며, 공동체에 있어서의 재화의 저축이나 또 공동체의 노력과 자원의 낭비적 지출과 소비에 대한 예방을 뜻하는 것은 아니다. 투자에 관한 현행 체제에서는 자본가-경영자에게 주어지는 금전적—다시 말해서 차등적—이익이 공동체 전체에 대한 경제적 이익보다 우선권을 갖는 것임이 확립된 바 있다. 다시 말하자면, 산업 활동의 수행에 있어서 고려되는 요소란 오로지 그러한 활동을 통해 소유자에게 얼마만큼의 차등적 이익이 돌아가는가 하는 것 하나뿐인 것이 현행 체제의 성격이다.

산업의 효율성을 억제하고 산업 활동의 산출을 삭감시키는 영리 활동의 여러 관행들은 너무나 잘 알려져 있으므로 여기에 특별히 열거할 필요가 없다.[16] 또 그러한 산업적 효율성을 억제하거나 삭감해버리는 짓의 동기가 금전상의 이익이라는 것은 따로 증거를 동원하여 증명할 필요도 없는 일이다. 하지만 이론적인 논점을 명확히 하려는 목적에서 한두 개 정도를 예로 들 수 있을 것이며, 또 이를 통해 그러한 영리

활동의 절차가 완전히 금전적인 이유에서 행해진다는 점이
더욱 쉽게 이해될 것이다.

사업 경영 활동의 밑바탕을 이루는 가장 포괄적인 원칙은
가격 올림을 통해서 사업의 순이득을 증가시키는 것으로서,
그 방법은 공급을 제한하는 것, 그리하여 '시장 거래에서 소
화될 만큼만 풀어놓는charging what the traffic will bear' 것이다.
여기서의 논의와 관련해서 보자면, 다른 경쟁자들이 최대의
효율성을 발휘하는 것을 훼방하기 위해 고안된 방해 전술 같
은 것들도 이와 비슷한 효과를 가져온다. 이러한 현상들은
무형 자산과 유형 자산을 가르는 경계선 위에 위치한다. 이
런 전략이 성공할 경우 그 전략은 관습이나 입법으로, 또는
경쟁 기업들을 '옴짝달싹 못하게 하기freezing-out' 등의 방법
으로 그 영리 기업의 차등적 이점의 조건으로 자리를 잡게
되며, 그러면 그 조건은 다시 무형 자산의 한 항목으로서 자
본화되고 영리 활동 공동체 내에서 투자 항목의 하나로 자리
를 잡게 되는 것이다.

하지만 이러한 비효율성의 자본화라는 현상 이외에도 그
이상의 중요성을 갖는 사실들을 기억해야 한다. 즉 생산적
산업의 여러 세부 과정들은 투자 행위에서 파생되는 갖가지
의 필요 사항들에 의해 지배되며 곧 가격으로 측정되는 이익
의 추구를 원칙으로 하여 통제된다는 점, 따라서 생산은 가
격의 운동에 좌우된다는 점을 기억해야 하는 것이다. 그래

서 자본의 체제 아래에서는 오로지 물질적 장비의 소유자들에게 차등적 이익이 생겨날 만큼의 가격 변동이 벌어지는 국면에서만, 그리고 그 가격 변동의 정도에 한해서만 공동체가 그 물적 조달의 수단과 방법에 대한 지식을 활용하여 살림을 꾸려가는 일이 허용되는 것이다. 즉 자본재의 소유자들(경영자들)에게 유리한 가격이 보장되는가—보통 가격 상승을 뜻한다—의 문제가 나머지 공동체 성원들의 살림살이의 문제를 결정하도록 되어 있는 것이다. 경제 불황, 실업 등의 낯익은 여러 경제 현상들이 반복해서 벌어지는 것은 가격 체제 price system[17] 아래에서 자본의 소유권이 행사하는 산업의 억제가 얼마나 효과적인 것인가를 보여준다.[18]

물질적 장비의 소유자가 자신에게 부여된 권리를 통하여 공동체 전체의 산업적 효율성을 자기 뜻대로 오용할 수 있다는 점도 마찬가지이다. 공동체에 해로움을 가져다주는 성질도 공동체에 보탬이 되는 성질이나 똑같이 자본화할 수 있다. 자본재의 소유자에게는 산업의 여러 과정들을 잘못된 쪽으로 이끌고 또 산업적 효율성을 왜곡할[19] 수 있는 권한이 주어지며, 그리하여 그는 자신에게 이득이 되기만 한다면 특정 산업의 여러 과정들을 억제하고 그 산출을 삭감해버릴 수 있는 권한을 가지게 된다.

자본재 가운데에는 기술적 유산을 활용하여 인류를 해치는 데에서 가치를 얻게 되는 것들이 다수 있다. 육군이나 해군의 여러 시설물들, 그리고 그 시설물들을 보조하고 또 거기에 필요한 것들을 조달해주는 전함 조선소, 병기창, 학교, 무기 공장, 군수 산업, 해군 및 육군 점포들을 예로 들 수 있다. 이러한 군수 관련 산업 등은 물론 현 체제하에서 공기업과 준공기업의 형태를 취하고 있으므로 현행의 영리 기업 체제와의 관련에 있어서는 논쟁의 여지가 있다. 하지만 다음과 같이 말한다고 해도 지나치게 빗나간 해석은 아니다. 이것들은 대개 법과 질서의 유지를 위한 물적 장비들이며, 따라서 자본재의 소유자들이 영리 이윤의 필요로 보아 편리하다고 생각할 때마다 산업의 여러 과정들을 억제하고 왜곡할 수 있도록 또 그리고도 아무 뒤탈이 없도록 해주는 것들이다. 나아가 이것들은 무역을 확장하거나 보호하는 수단이기도 하며, 결국 공동체 전체의 희생을 대가로 영리사업가들의 차등적 이익에 복무한다. 또 이것들은 대개 공동체 살림의 일부를 육군, 해군, 외교관 및 여타 국가 기구의 여러 계급에게 돌려주는 것을 보장하기 위해 따로 준비된 물적 장비이다. 여하간 이러한 시설물들은 여러 품목의 물적 장비들이 인류에게 피해와 불편을 초래하는 기술적 발전을 활용하는 것에 어떻게 전용되며 또 그를 통해 가치를 얻게 되는가를 보여주는 예가 될 수 있다.

또 매음굴, 도박장, 술집, 경마장 등의 시설도 그 용도가 대단히 의심스럽거나, 상당히 해로운 것으로 짐작되는 목적으로 자본재를 전용함으로써 이윤을 얻는 전형적인 종류의 투자들이다.[20] '비기독교 종족들'의 일부 대변인들은 교회도 이들과 똑같은 범주에 넣고 싶어 하겠지만, 근대적 공동체들의 여론은 대개 교회를 사회에 보탬이 되는 쪽으로 보려고 한다. 아마도 교회에 대해서는 거기에 투자된 부가 사회에 보탬이 되는가 해가 되는가라는 틀로 특별히 자리매김을 시도하지 않는 편이 좋을 듯하다.

좀 더 나아가보면, 다량의 자본재를 사용하고 여러 기술적 과정들을 거치는 사업들은 그 이윤의 근원이 되는 생산물로 미루어 볼 때 사회에 보탬이 되는 성질과 해가 되는 성질이 뒤섞여 있는 경우가 대단히 많고, 따라서 생산물에 따라 그 낭비의 정도도 지극히 다양하다는 것을 알 수 있다. 패션, 호화 장식품들, 세련된 가정용품, 신문 등이나 광고 회사가 그러하다. 이러한 사업들은 모두 어느 정도씩은 낭비의 관행, 호화 사치품, 환상과 사기, 솜씨 좋은 거짓말 같은 것들을 이윤의 원천으로 삼는바, 그렇다면 이러한 사업에 사용된 자본재들은 그것과 관련된 기술적 발명품들을 왜곡된 방식으로 사용하는 덕에 그 자본화 가능한 가치를 얻게 된 것이라고 해야 할 것이다.

자본재를 이렇게 낭비적인 방식으로, 또 공동체에 해로운 방식으로 사용하는 경우들을 나열한 것은, 그 자본재에 체현되어 있거나 그것을 사용함으로써 결과를 낳는 기술적 전문성이 본질적으로 해로운 성격이라고 암시하기 위해서도 아니며 또 그 자본재들에 대한 투자와 그것들을 관리하는 영리 기업이 반드시 공동체를 해치는 것을 목적으로 삼는다고 암시하기 위해서도 아니다. 그저 이론상의 몇 가지 소소한 논점들, 즉 자명한 사실임에도 보통 간과되고 있는 논점들을 명확히 제시하려는 것뿐이다. ① 기술적 전문성 그 자체는 인류에게 보탬이 되거나 해가 되는 성격을 본질적으로 갖는 것이 아니다—이는 일정한 결과를 낳는 효율성의 도구일 뿐이며, 그 결과는 좋은 것일 수도 있고 나쁜 것일 수도 있다. ② 기업에서 자본재를 사용할 적에 그 기업의 사업가-소유자들이 꾀하는 바는 공동체에 보탬이 되는 것이 아니라 오직 소유자 자신에게 보탬이 되는 것이다. ③ 가격 체제 아래에서—즉 금전을 기준으로 삼고 또 그것을 위한 경영이 지배하는 조건 아래에서—사업가들은 종종 산업의 여러 과정들을 그릇되게 경영하는 게 더 유익한 상황에 처하게 된다. 즉 산업을 억제하고 감축하거나 그릇된 방향으로 이끌어서 공동체 전체의 기술적 전문성을 그 공동체에 손해가 되도록 이용하는 것이 그의 금전적 이익에 더 유리해진다는 의미이다. 이 이론적 논점들은 좀 진부할 정도로 당연한 것들이지만, 가격 체제의 지배 아래에서 벌어지는 삶이나 영리 활동에 관한 이론이라면 항상 중요하게 다루어야 할 점들이며, 또 지금 우리가 논하려 하는 무형 자산의 문제에 대해서는 아주 직접적인 관련이 있는 것들이다.

　좀 지루한 느낌이 들지 모르지만 그래도 무형 자산의 이론을 전개하려면 이와 같은 분석이 필요하고 또 거기에서 발견되는 자명한 사실들을 좀 더 고찰하여 종합해볼 필요가 있다. 앞에서 말한 바와 같이 '자산'이란 금전상의 개념이지 기술적 개념이 아니다. 즉 영리 활동의 영역에 속한 개념이지 산업에 속한 개념이 아니다. 자산은 자본이며, 유형 자산이란 자본화의 대상이 될 수 있다고 생각되는 물질적 장비 등속의 여러 품목들을 말한다. 그 유형 자산의 유형성이라는 것은 그것을 구성하고 있는 여러 항목의 재산들이 갖는 물질적 구체성의 문제이지만, 반면 그 유형 자산이 자산이 되는 것은 그 가치의 양에 따른 문제이다. 유형 자산의 범주에 전형적으로 들어가는 것이 자본재인데, 이 자본재라는 것도 그 기술적 유용성을 빌려 자본재가 될 수 있는 것이기는 하지만 그것이 자본으로 측정되는 양은 그것의 기술적 유용성이 아니라 그것이 소유자에게 얼마만큼의 소득을 낳아주느냐에 달려 있다.

　당연히 마찬가지의 사실이 무형 자산에도 적용된다. 무형 자산도 똑같은 자본 혹은 자산이며 그것이 갖는 소득 창출 능력에 의해 양이 측정된다. 무형 자산의 무형성이라는 것은 그것을 이루는 여러 품목의 부―즉 소유의 대상물들―가 비물질성을 갖는다는 문제이겠지만, 그것이 자산으로서 갖는 성격과 크기는 그것을 소유함으로써 독점할 수 있게 되는 과정들이 소유자에게 얼마나 큰 이득을 가져다주는가의 문제이다. 무형 자산의 경우 그렇게 해서 독점되는 것들은 사실 관계facts이며, 이는 무슨 기술적 혹은 산업적 성격 따위를 갖는 것이 아니다. 그리고 바로 여기에 무형 자산과 유형 자산 사이의 내용적인 불일치성이 존재한다.

인류는 그 생계의 물질적 수단과의 관계에 있어서 공동체의 기술적 전문성과 관련된 것 이외에도 다른 여러 측면들을 가지고 있다. 그 다른 측면들이란 그 공동체의 기술적 전문성을 활용하여 조달된 재화들을 사용하고 분배하고 또 소비하는 것과 관계된 것으로서, 그러한 사용·분배·소비 활동은 관습, 법, 인습 등 제도적 성격을 띤 당대의 제도적 장치들을 전제로 하여 이루어지기 마련이다. 부를 분배하는 원리와 관행은 기술 변화 및 여타의 문화적 변화의 진전에 따라 다양하게 변하기 마련이지만, 다음과 같이 가정해두어도 좋을 것이다. 할당의 여러 원리들—달리 말하자면, 생산물을 분배함에 있어서 무엇이 정당하고 바람직한 것인가에 대한 인습적인 여론의 합의—과 그 원리들을 실행에 옮기는 방법들은 언제나 특정 개인이나 특정 집단 혹은 특정 계급에게 우월한 입지를 부여하고 또 그들의 입지점을 고정시키도록 생겨 있다는 것이다. 조금만 주의 깊게 관찰한다면 이러한 종류의 것들, 즉 공동의 살림을 배당할 적에 관습적으로 특정 집단에게만 차등적 이득이 돌아가게 만드는 방식들이 존재한다는 것은 모든 문화와 공동체에서 발견되는 사실이다. 그리고 더 높은 단계의 문화로 가면 그러한 경제적 특권, 선호, 지위상의 특전, 그리고 차등적인 유리함과 불리함 등의 숫자와 종류가 무한히 늘어난다는 사실, 또 경제 제도라는 복잡한 조직은 바로 그런 것들로 구성되어 있다는 사실 등은 아마 달리 말할 필요가 없을 것이다.

사실상 바로 이 측면에서 나타나는 특징들이야말로 한 문화적 시대를 다른 시대와 구별하는 데에 있어서 가장 결정적이고도 확실한 징표 중 하나인 것이다. 물질문명의 모든 시대에 이러한 분배에 있어서의 차별적 이익은 모든 사람들이 추구하는 것이며 또 모두가 가치 있게 보는 것이다. 그리하여 어떤 집단이나 계급이 자신들의 차등적 이득을 현실에서 관철시킬 위치에 서게 된다면 그들은 자연스럽게 그러한 주장을 떳떳이 내세우게 된다. 그 집단들이란 성직자 집단이나 왕후장상 등의 지배 계급, 여성들 위에 군림하는 남성들, 미성년자들 위에 군림하는 성인들, 장애자들 위에 군림하는 건장한 이들 등의 집단이다.

지금까지 알려진 모든 문명에서, 소득 분배에 있어서 특정 계급 혹은 특정 인간에게 어떤 형태로건 유리함을 부여하도록 허락하는 원리들, 즉 사유 관습은 항상 도덕률에 포함되어 있거나 일정한 제도의 형태로 구현되어 있음을 발견할 수 있다. 무형 자산을 이루는 비물질적 부의 항목들이라는 것은 바로 그러한 유리함을 확보한 자들의 이익인 동시에 그렇지 못한 자들의 불이익이라는 점에서 차등적 성격을 띠는 것이라 하겠다. 그리고 말이 나온 김에 덧붙여두자면, 어떤 일개 계급과 일개 개인에게 아주 익숙하게 굳어져 있는 그러한 차등적 이익이라는 것은 여타의 계급들이나 개인들 또 공동체 전체에게는 그와 같은 양 이상의 불이익을 가져오게 되어 있다.[21]

재산권이 명확한 모습을 띠게 되고 가격 체제가 등장하게 될 때 그리고 특히 투자라는 관행이 나타나고 영리 기업의 형태가 유행하게 될 때 그러한 여러 가지 차등적 이익은 무형 자산의 성격을 띠게 된다. 차등적 이익들은 양도 가능한 것이건 아니건, 일정한 금전적 가치와 등급이 매겨지게 된다. 그리고 만약 그것들이 양도 가능한 것일 경우, 즉 매매를 거쳐 인도해줄 수 있는 것일 경우에는 그것들은 아주 명확하고도 충분한 의미에서의 '자산'이 된다.

이러한 비물질적 부, 즉 차별적 이익을 가져다주는 무형 자산의 성격은 어떤 술집이나 어떤 직공 혹은 어떤 브랜드의 상품이 어떠한 평판을 얻고 있는가처럼 단순히 관습의 문제일 수도 있다. 또 이는 옛날에 존재했던 통관세King's Customs, 또 예전의 그 유명한 해협세Sound Dues[22], 또 대지주들이 일방적으로 행했던 공공 도로 폐쇄와 같이 사회적 권력의 남용이나 횡포의 산물일 수도 있다. 또 중세 도시와 길드의 자유, 한자 동맹Hanseatic League이나 AP통신23의 경우와 같이 계약을 통해 획득된 특권의 산물일 수도 있다. 또 근대 초기의 무수한 무역 독점이라든가 직능 단체corporation 면허장, 또는 철도 부설권이나 보복 약탈권letters of marque24이나 독점적 특허권letters patent 등과 같이 협상을 기초로 해서 혹은 정부로부터 얻어낸 특권의 산물일 수도 있다. 또 항해 조례, 물품 관세excise duties 등 수입과 수출에서의 보호 무역 조치와 같이 국가 법령의 산물일 수도 있다. 또 성물聖物 양초의 사용이 종교적으로 의무화되어 밀랍에 대한 수요가 창출된다든가 또 마찬가지로 사순절 기간25 동안의 신앙 깊은 이들의 생선 소비 및 수요 등과 같이 미신적 의례가 관습화된다든가 한 데 따른 결과일 수도 있다.

투자, 그리고 영리 기업이라고 하는 체제 아래에서의 이러한 종류의 차등적 혜택은 특정 계급, 집단, 사업체 등의 영업적 이익으로 전환될 수 있으며, 그 결과로 이익 추구 활동에서 차등적인 영업적 유리함이 나타난다면 그것은 자산이 된다. 즉 내재된 수익 창출 능력에 기초하여 자본화되며 또 어떤 기업의 증권(예를 들어 보통주common stock로서)이라는 겉모양을 띠든가 혹은 아예 사적인 매매라는 흔한 형태(예를 들어 어느 영리사업체의 소유로서 가치 검정을 거친 굿윌good will26)

를 띤 채 매매될 수 있는 그러한 자산 말이다.

하지만 영리 기업 체제에서는 단지 과거로부터 넘어온 다양한 형태의 제도적 특권이나 지위상의 특전 등을 넘겨받는 일만 벌어지는 것이 아니다. 이 체제는 또한 새로운 종류의 차등적 유리함을 발생시키고 또 그것을 무형 자산으로서 자본화한다. 이러한 무형 자산들은 모두 (혹은 사실상 모두) 그 소유자에게 판매에 있어서의 차별적인 유리함을 가져다주는 것을 목표로 하고 또 가치 및 자본화의 기초가 된다는 점에서 다 같은 종류라고 할 수 있다. 궁극적으로 분석해볼 때 모든 영리 활동의 목표가 결국 판매에서의 유리함이라는 점을 생각해보면 이는 당연한 일이다. 이러한 무형 자산의 가장 일반적이고도 전형적인 종류가 '굿윌'이라고 불리는 것이다. 이 용어는 오늘날 대단히 다양한 종류의 차등적인 영업상의 유리함을 지칭하는 말이 되어버렸지만, 이 말이 사업의 용어로 처음 쓰이게 된 것은 단골 고객이 그의 굿윌을 가지게 된 사업체에 관습적으로 의존한다는 뜻에서였다. 즉 굿윌은 원래는 고객이 가지고 있는 신뢰와 상찬 같은 호의적 감정을 의미하는 것이었지만, 오늘날 이 용어의 쓰임에서는 그러한 감정적인 내용은 사라지고 말았다. 이 말은 오늘날 느슨한 의미에서, 어떤 독점체나 기업 결합체가 재화 및 용역의 일정한 공급선을 제한하거나 자기만의 것으로 독점하는 권력을 행사함으로써 고정적으로 거두어들이는 특별 이익을 지칭하는 것으로 확장되었다. 그러한 특별 이익이 특별 입법이나 적절한 법적 장치로 명시적으로 보호받는 경우—이를테면 특허권이라든가 독점 판매권과 같이—가 아니라면 '굿윌'이라는 느슨한 범위의 명칭으로 불리는 경향이 있는 것이다.

우리의 분석 결과를 다음으로 요약하여 유형 자산과 무형 자산이라는 두 개의 범주가 얼마나 일치하며 또 얼마나 구별되는지를 따져보자.

① 어떤 자산의 가치(달리 말하자면 그 자산의 양)는 유형 자산이든 무형 자산이든, 그 주어진 품목으로 구성된 부의 자본화된 (혹은 자본화 가능한) 가치이며, 이는 그것이 그 소유자에게 얼마만큼의 소득을 창출해줄 능력이 있는가를 기초로 하여 사정된다.

② 유형 자산의 경우 그 유형 자산이라는 부를 구성하는 대상들은 무릇 일정한 유용성(최소한 잠재적으로나마)을 가지고 있다고 가정할 수 있다. 왜냐하면 그것들은 물질적인 생산적 작업에 복무하는 것들이기 때문이다. 따라서 유형 자산의 가치란 일반적으로 그 품목의 유용성—그것으로 크기가 결정되는 것까지는 절대 아니지만—을 표현하는 것이라는, 어느 정도 근거 있는 또 하나의 가정이 나온다.

③ 무형 자산의 경우엔 그 부를 구성하는 요소들이 무릇 일정한 유용성을 가진다고 가정할 수 없다. 왜냐하면 그것들

은 물질적 차원에서의 생산적 작업에 복무하는 것이 아니며 그저 그 소유자에게 산업적 생산물의 분배 과정에서의 차등적 이익을 가져다주는 것뿐이기 때문이다.[27]

④ 어떤 유형 자산은 공동체에 보탬이 되지 않을 수도 있다. 즉 어떤 특정한 물질적 장비는 오히려 공동체에 해를 끼치는 데 쓰임으로써 그 자본으로서의 가치를 얻기도 하는 것이다. 하지만 유형 자산의 묶음 전체를 총계적으로나 평균적으로 보면 유형 자산은 공동체에 쓸모가 있는(최소한 가정상으로나마) 것이다.

⑤ 일정한 무형 자산은 공동체 전체에 대한 유용성과 무관한 것일 수 있다. 하지만 총계적으로나 평균적으로 보면 (아마도) 공동체 전체에 해로운 것이다.

이렇게 정리하고 보면, 유형 자산과 무형 자산 사이의 실질적 차이는 각각의 경우 금전 창출의 원천이 되는 사실들의 물질성의 차이에 있음이 드러난다. 먼저 유형 자산의 경우를 보자. 여기서 자본화되는 것은 공동체 전체의 기술적 능력 가운데에서 자본재의 소유주가 자신의 소유권을 빌려 독점할 수 있는 만큼의 기술적 능력이다. 무형 자산의 경우에 자본화되는 것은 여러 가지 생활 습관들로서, 이는 비기술적 성격을 가진 것들—이는 관습, 일방적 횡포, 입법 활동 등의 방법으로 현실로서 확정된다—이며, 그 문제의 자산을 가지고 있는 사업체에 차등적 이익을 가져다줄 수 있는 것들이다. 유형 자산의 경우 그 자산은 양적 크기는 물론 존재 자체의 원인도 각종 기술적 발견 및 발명들을 각각의 산업 과정에서 사용하는 것에 달려 있다. 반면 무형 자산의 경우 그 근원은, 산업 체제 내부에서 그리고 산업 전체와 시장 사이에서 무수한 단위들이 서로 연결되고 또 해체되고 하는 가운데 벌어지는 간극 간에 상호 관계—그러한 관계들이 기술적 성격이 아니라 금전적 성격을 띤 것일 경우—를 맺어주고 또 조정함에 있어서 그 무형 자산에 해당하는 것들을 활용하는 것에 있다.

똑같은 이야기를 요즘 사람들의 인식에 좀 더 가까워지도록 표현을 바꾸어본다면, 유형 자산이라고 흔히 불리는 것들은 생산의 여러 과정들을 자본화하는 반면, 무형 자산이라고 불리는 것들은 취득의 여러 과정들과 그 취득 과정에 관련된 여러 편의적 발명품들을 자본화하는 것으로서, 부를 생산하는 것이 아니라 오로지 그 분배에 영향을 미칠 뿐이라고 할 수도 있다. 하지만 어느 쪽으로 정식화하건 간에, 이런 구별은 그다지 확실하게 고정된 것이라고 볼 수 없다. 사업상의 필요에 따라서 무형 자산을 유형 자산으로 전환할 수 있고 또 그 반대도 가능하다는 사실을 상기한다면 이 점은 금세 분명해질 것이다. 하지만, 이런 정황이 상정하듯이 이 두 범주의 자산들이 서로 긴밀한 관계에 놓여 있는 것도 사실이지만, 또 마찬가지로 이 두 가지가 서로 혼동되어서는 안 된다는 것도 분명하다.

'무형 자산'의 범주에 들어가는 전형적인 항목으로서 '굿윌'을 생각해보자. 이는 가장 널리 쓰이는 것이면서 동시에 '유형 자산'의 영역에서 가장 동떨어진 성격을 갖고 있는 것이기에 이를 조금만 더 고찰해보면 두 범주의 자산들 사이의 차이점도 분명해지고 또 동시에 그 둘 모두가 자산으로서 갖는 본질적 연속성과 그 둘 간의 실질적 관련도 강하게 부각될 것이다. 이 개념이 쓰이게 된 초기 시절, 즉 그 이름이 생겨난 성장기에 굿윌은 자산에 영향을 주는 요인으로 인식되기 시작했으며, 그것을 소유한 사업체에 저절로 덧붙여지는 우연적인 차등적 이익이라고 여겨지는 것이 관습이었다. 즉 굿윌은 어떤 기업이 사업을 수행하면 따라붙기 마련인 비물질적 부산물—즉 기업 세계의 삶에서 인간성과 정직성을 발휘하면 저절로 따라오게 되는 우연적인 축복과 같은 것이라고 일반적으로 상정되었던 것이다.《가난한 리처드*Poor Richard*》라면 이런 정황을 "정직이 최선의 정책이다"라는 어구로 표현할 것이다.[28]

하지만 오늘날 굿윌을 획득하는 과정은 현명한 사업가가 먼저 깊은 숙고를 거친 후에 그것을 얻기 위해 상당한 노력과 공을 들이는 것임은 말할 것도 없다. 그 덕에 제품들은 훨씬 더 잘 팔릴 수 있게 더욱 근사한 외양을 띠고 나오게 될 것이다—어떤 제품이건 그 실제의 유용성만 가지고 사람들에게 다가가는 것은 아니니까. 청산유수의 말재주에 애교가 넘치는 세일즈맨이나 외판원들은 그 약삭빠른 두꺼운 낯을 재주로 가진 덕분에 그런 재주 없이 그저 근면성, 손재주, 근육의 힘 등을 가지고 자신의 직종에 종사하는 다른 사람들보다 더 유리한 위치에 서게 된다. 게다가 말보다 더 사람들을 현혹하는 힘이 강한 것이 있으니, 허영으로 가득 차 있지만 그래도 저항할 수 없이 매력적인 쇼윈도가 그것이며 여기에도 상당한 돈이 지출된다. 고객들을 확보하기 위해 외판원 등 여기저기 돌아다니는 직원들을 고용하는 데 상당한 비용이 들어간다. 다양한 종류의 광고를 하기 위해서 많은 양의 생각과 자원이 소요된다.

이 광고야말로 굿윌을 발생시키는 혹은 생산하는 성장 과정에 도달해 있는 오늘날의 단계를 전형적으로 보여주는 것이며, 따라서 무형 자산의 창출 일반에 대해서도 전형적인 것이라고 할 수 있을 것이다. 광고는 이제 그 자체로 중요한 영리사업의 한 부문이 되었고, 거기에 들어가는 물질적 장비와 과정들(유형 자산)의 규모도 크기와 다양성에서 엄청나다. 일정한 양만큼의 굿윌을 창출하려는 목적에서 활자 매체, 광고판 등등과 같은 일정한 물질적 품목(생산재)에도 투자가 이루어진다. 그러한 투자를 통해 나온 생산물의 양을 정확하게 예견하는 것은 불가능할지 모르지만, 그 투자가 영리하게 이루어지기만 한다면 소기의 목적을 거두는 데 실패하는 법이 거의 없다―물론 혹시 훨씬 더 영리한 경쟁 업체가 자신에 대한 굿윌을 만들기 위해 장비들(이는 생산재로 보아야 한다)과 인력을 훨씬 더 잘 배치하여 그 효과를 상쇄하고 오히려 능가해버린다면 이야기는 달라질 것이다.

이러한 투자가 목표로 삼는 것은 바로 굿윌―무형 자산의 하나―이며, 이는 일정한 유형 자산을 바로 이 무형 자산으로 전환함으로써 창출된 것이라고 볼 수 있다. 아니면 이를 산업적 생산물로 볼 수도 있다. 즉 일정한 종목의 물질적 장비와 그것에 필요한 기술적 능력을 발휘한 모종의 산업적 과정들을 통해 생겨난 결과물이라고 볼 수도 있는 것이다. 하지만 어느 쪽으로 보건, 지금 논의의 목적에서는 물질 장비 및 그 사용 과정과 굿윌이라는 산출물 사이의 인과 관계에 대해 실질적으로 동일한 결론을 얻게 된다.

광고의 궁극적 목적은 그 광고 물품의 판매량을 늘려서 순이득을 늘리는 것이다. 이는 곧 판매에 내놓은 물품들의 가치가 증가하는 것을 뜻할 수도 있고, 이는 다시 유형 자산의 가치가 올라갔다는 것과 같은 말이 된다. 영리적 활동에 들어간 에너지의 목표란 궁극적으로 유형의 가치로 계산된 이득을 남기는 것이라는 점은 재론의 여지가 없을 것이다. 하지만 광고를 행하는 기업의 경우엔 그 궁극적 목적을 달성하기 위해서 굿윌이라고 하는, 일종의 무형 자산인 비물질적 품목을 생산하는 중간 단계를 반드시 거쳐야만 하는 셈이다.

즉 이 경우에서 보이는 바는, 단지 유형 자산(인쇄물 등 물적 자본재)이 무형적 부로 전환될 수 있을 뿐만 아니라—혹다른 방식으로 정식화하자면 물질적 부를 생산적으로 활용하여 비물질적 부를 창조한다—그 과정의 두 번째 단계에들어서게 되면 그 반대로 무형 자산이 유형적 부로 전환(즉판매되는 제품의 가치가 올라감)—다른 말로 표현하자면, 무형적 부를 사용하여 유형 자산을 생산한 것이다—된다는 것이다.

이렇게 무형 자산으로부터 유형의 부를 창출하는 것이 가장 깔끔하게 드러나는 것이 토지의 가치를 그 이해 당사자들이 기를 써서 올려대는 경우라고 할 것이다. 물론 부동산이야말로 가장 진정한 유형성을 가진 유형 자산이라 할 것이며그 가치에 맞먹는 크기의 자산이다. 그리고 여기에서 그 가치는 말하자면 그 문제의 부동산이 현재 얼마에 거래되는가로 결정된다. 이것이 부동산의 시가時價이며 따라서 부동산이 유형 자산으로서 어느 시점에 갖는 실제 크기인 것이다.

부동산의 가치를 계산하는 또 다른 방법으로 그 대여 가치를 자본화하는 것이 있을 수 있다. 하지만 부동산의 시장 가치와 대여 가치의 자본화가 일치하지 않을 경우 사업자들의 관념에 따르면 전자가 그 실제 가치로 받아들여지게 된다. 우리나라의 많은 부분—아마 대부분일 테지만, 특히 서부의 여러 주들과 그 근방의 번창하는 도시들—에서 부동산의 금전적 크기를 계산하는 이 두 가지 방법은 관습적으로 일치하지 않는다. 토지의 대여 가치를 자본화한 양은 적당한 양만큼의 가감―물론 그 변동 폭은 종종 대단히 크다―을 염두에 둔다면 그 토지가 현재 물질적 장비의 한 항목으로서 가지는 유용성을 측정하는 것이라고 말할 수도 있다. 반면 그 토지의 시장 가치가 그 자본화된 대여 가치를 넘어서는 폭은 그 크기만큼 토지의 가치를 높이려고 굿윌의 성격을 가진 무형 자산을 활용 혹은 '생산적으로 활용'하여 만들어낸 생산물, 즉 유형의 잔여물이라고 할 수 있다.[29]

캘리포니아의 일부 토지의 경우를 바로 이렇게 정신적인 차원을 활용하여 부동산 자산을 창출하는 아주 훌륭한 예―아마 극단적인 예는 아닐 것이다―로 들 수 있을 것이다. 이 토지들의 현재 시가를 보면 그 가치 중에서 생산 등의 실제 사용의 도구로서 지금 유용하게 활용되는 것에 기초를 두어 발생한 양은 절반도 채 되지 않는다고 해도 과언이 아니다. 그것을 넘는 부분은 아마도 앞으로 비싸게 팔 기회가 생길 것이라는 등의 환상들, 또 그 토지의 유용성이 증진될 전망에 대한 기대 같은 것들에 말미암는다고 할 수 있다. 하지만 이런 것들은 모두 비물질적 요인들이며 '굿윌'의 성격을 가진 것들이다. 다른 모든 종류의 자산들과 마찬가지로 이 토지들도 그 자본화의 기초는 그 토지에서 생겨날 것으로 기대되는 소득인데, 그 소득의 일부는 그 토지의 상황을 아주 낙

관적으로 보는 사람들에게 이윤을 붙여 팔아먹을 가능성에서 나오며, 또 일부는 광고 전단에 기인하든가 또 토지 중개인들의 소위 '조국을 개발하자'는 식의 판매 노력이 계속되면서 그 토지의 유용성에 대한 지나친 낙관이 생겨나는 것에 기인한다.

'자본'이란 '자본재'를 뜻한다는 관념에 빠져 있는 사람에게라면 이렇게 무형의 재화를 유형의 재화로 바꾼다든가 또 이렇게 유형 자산을 생산적으로 사용하여 무형 자산을 발생시킨다든가 하는 일이 상당히 골치 아픈 수수께끼가 될지 모른다. 만약 '자산'이라는 것이 금전상의 개념이 아니라 정말로 물질적인 개념이어서 일정한 범위의 물질적 사물들을 지칭하는 것이라면 이렇게 유형 자산을 무형 자산으로, 또 그 반대로 마구 전환하는 일은 실로 '성체전환聖體轉換, transubstantiation'에 맞먹는 기적일 것이다.[30]

하지만 여기에는 아무런 기적도 없다. '자산'이란 금전상의 양이며 따라서 투자에 관계된 사실들의 영역에 들어가는 것이다. 부를 이루는 항목들이라 할지라도 투자와 관계되지 않는 한 자산이 아니다. 다른 말로 하자면 자산이란 자본화의 문제이며, 자본화란 가치 평가의 특수한 경우이다. 그리고 어떤 한 묶음의 자산이 유형적인 것이냐 무형적인 것이냐의 문제는 가치 평가 과정에서 가치와 연결되거나 또 그 가치가 귀속되는 품목 혹은 품목들의 묶음이 무엇이냐의 문제이다. 예를 들어 만약 가치 평가 과정에서 가치를 발생시키는 근원이 일정한 제품이 관습적으로 일정한 사회적 수요를 가져왔다는 사실, 또는 일정한 집단의 고객들이 특정한 가게나 상인들에게 인습적으로 의존한다거나 공급량과 가격을 독점적으로 통제하고 제한할 수 있다거나 하는 등의 사실일 경우엔 그 결과 생겨나는 자산의 항목들이 '무형 자산'이 될 것이다. 왜냐하면 이 경우에 자본화된 가치가 귀속되는 근원으로 여겨지는 객체가 비물질적 대상이기 때문이다. 만약 가치의 근원을 찾아 귀속시키는 과정에서 자본화된 가치의 담지자로 여겨지는 사실이 물질적인 대상, 즉 예를 들어 팔 수 있는 재화로서 공급자의 임의에 의해 그 공급이 제한되거나 가격이 매겨지는 것이거나 혹은 그러한 재화들을 공급할 물질적 수단이라면 그 자본화된 가치란 유형 자산이 될 것이다.

이 경우에 가치라는 것은 다른 모든 가치와 마찬가지로 가치 귀속imputation의 문제이며 자산이라는 것은 자본화의 문제인 것이다. 하지만 자본화란 판매 가능한 대상을 소유한 덕에 얻게 되는 안정적인 소득을 금전적인 '소득 흐름'으로 평가하는 것을 뜻한다. 그 '소득 흐름'의 자본화된 가치의 원인을 어떤 대상에다 귀속시킬 것인가라는 질문은 곧 그 소유자가 그 '소득 흐름'에 대한 실질적인 청구권을 가지게 되는 것이 구체적으로 어떤 항목의 소유권 덕분이냐는 질문인 것이다. 달리 말하면, 그 소득을 낳아주는 전략적 이익을 어떤 항목의 소유권에 부착시킬 것인가라는 질문인데, 이는 그 주어진 경우에서 사업상의 필요에 따라 바뀌게 된다.

그 문제의 '소득 흐름'이란 금전적으로 표현된 소득 흐름인데, 이는 궁극적으로 판매의 거래에서 나온다. 영리 활동이라는 테두리 내에서 ─ 따라서 자본, 투자, 자산 등등의 영리 활동의 개념들 안에서 ─ 보자면, 판매와 구매의 거래야말로 모든 분석의 궁극적인 단위이다. 하지만 영리 활동 체제를 감싸 안고 또 조건 짓는 이 판매와 구매의 거래라는 영역의 테두리를 넘어 더 나아가면 그 공동체 전체의 여러 일들과 살림살이라는 물질적인 사실의 세계가 펼쳐진다. 판매의 거래에서도 재화를 최종적으로 구매하는 소비자가 그것의 가치를 평가하는 것은 자산으로서가 아니라 살림살이의 부분으로서이다.[31] 그리고 장기적으로 또 최종적으로 분석해 보면 모든 영리적인 가치 귀속과 자산 가치의 자본주의적 감정鑑定 등은 이러한 살림살이 차원의 거래를 고려하지 않을 수 없고 또 그것에 의해 궁극적으로 한계가 지어진다. 자산이 인간들의 일과 살림살이라는 사실로부터 분리되어버린다면, 따라서 자산도 더 이상 자산이 될 수 없다. 하지만 그렇다고는 해도, 인간들의 일과 살림살이라는 사실과 자산이 맺는 관계가 종종 상당히 동떨어지고 느슨해지는 경우가 생기는 것이다.

자산은 멀게든 직접적으로든 산업의 과정과 장비 등의 일정한 물질적 사실들에 의존하지 않는다면 수익을 창출하지 못한다. 다시 말하자면, 이러한 물질적 사실들과 완전히 관계가 끊어진다면 자산은 사실상 자산이 되지 못하는 것이다. 이는 유형 자산과 무형 자산 모두에 해당되지만 각각의 자산이 산업이라는 물질적 사실들과 관계 맺는 방식은 물론 다르다. 유형 자산의 경우에 대해서는 논란의 여지가 없다. 또 특허권이라든가 독점적 통제력과 같은 무형 자산 또한 산업에서 벌어지는 여러 사실들과 효과적인 접촉을 갖지 못한다면 마찬가지로 아무런 결과를 낳지 못한다. 특허권이 효력을 갖게 되는 것은 오직 그것으로 보호되는 발명이 물질적으로 작동하는 때뿐이다. 독점적 통제력이 이득의 근원이 되는 것은 오로지 그것을 통해 재화의 공급을 실제적으로 바꾸거나 분리시키는 한에서만 벌어지는 일이다.

이러한 고찰을 염두에 둔다면 이 두 가지 범주의 자산의 차이점과 일치점을 앞에서 논한 것보다 좀 더 구체적으로 보여줄 수 있을 것 같다. 양쪽 모두 자산이다. 즉 양쪽 모두 그 가치는 예상되는 수익 창출 능력을 자본화하여 결정되며, 그 수익 창출 능력이란 일정한 비물질적 요인들을 더 유리하게 사용하는 것에 달려 있으며, 그 효율성은 일정한 물질적 대상들을 사용하는 것에서 나오며, 거기 포함된 물질적 대상들의 양과 무관하게 그 자산으로서의 가치는 늘어나거나 줄어들 수 있다. 유형 자산은 기술적·산업적 발명 및 발견—생산에서의 발명 및 발견으로서, 물리적인 인과 관계 법칙의 지배를 받는 야성적 자연의 여러 사실들을 다룬다―을 자기에게 더 유리하게 사용하도록 자본화한 것이다. 그리고 그것을 사용하는 과정이 유독 특정 개인에게만 더 유리하게 되도록 보장해주는 것은, 그 발명 및 발견이 실제로 사용되는 여러 과정들에 들어가는 물질적 품목들에 대한 소유권이다. 무형 자산은 인간 동기의 심리학적 법칙에 따라 다루어야 할, 인간 본성에서 우러나오는 일정한 사실 관계―인습, 성벽, 신념, 열망―를 특정 개인에게 더욱 유리하게 사용하도록 자본화하며, 그 사용이 유독 그 개인에게만 더 유리하도록 보장하기 위한 방법으로는 옛날 식 굿윌의 경우에서처럼 단골손님과의 친분, 특허권이나 저작권의 경우에서처럼 법적 양도 증서assignment, 산업적 독점체들의 경우에서처럼 생산도구의 소유권 등이 사용된다.[32]

무형 자산은 유형 자산과 마찬가지로 자본이다. 즉 그것은 자본화된 부의 한 항목인 것이다. 따라서 두 가지 범주의 자산 모두가 예상되는 '소득 흐름'을 나타내는 것이며, 이 '소득 흐름'이란 단위 시간당 몇 퍼센트라는 확정된 단위로 값을 매기는 것이 가능할 만큼 아주 명확한 성격을 가지고 있다. 물론 그렇다고 해서 그 예상 소득이 고른 흐름으로 들어오거나 일정 기간에 걸쳐 시간적으로 균등하게 배분될 필요는 없다.

이렇게 해서 값이 매겨지고 자본화된 소득 흐름은 어떤 외부적인 물질적 및 비물질적 사실(이 사실들은 소득 흐름의 청구권자에게 몰인격적인 모습을 띤다)에 연결되어, 마치 그러한 외부적 요인들에 소득 창출 능력이 있어서 거기서 그 소득 흐름이 생겨나 흘러나오는 것처럼 보이게 된다. 즉 소득 흐름의 가치 평가 전체를 그 외부적 사실에서 생겨나는 것으로 원인을 귀속시킬 수 있어야 하며, 그다음엔 그 외부적 사실을 그 소득 흐름을 낳는 부의 항목으로서 자본화할 수 있어야 한다. 이러한 요건을 충족하지 못한다면 소득 흐름이 있다고 해도 자산을 낳을 수 없으며 따라서 자본화된 부의 총량도 증가시키지 않는다.

그런데 부가 자본화되는 데 필수적인 이러한 조건을 충족시키지 않으면서도 존재하는 소득 흐름이 있다. 특히 현대의 영업 거래를 보면 앞에서 말한 방식으로는 자본화가 불가능하지만 법적으로 정당하게 영업 소득의 한 항목을 이루는, 규모도 크고 또 안정된 소득의 원천들이 있다. 이러한 종류의 소득의 원천들은 현재의 영리 활동 세계 상황에서 실로 가장 중요성이 큰 요소 가운데 하나로 간주해야 한다. 그러한 방식으로 파생되는 소득 흐름은, 좀 더 원시적 단계의 영리 활동 세계로부터 내려온 전통에서는 '감독자의 임금wages of superintendence' 또는 '기업가의 임금undertaker's wages' 또는 '모험 사업가의 이윤entrepreneur's profits' 등으로 불려왔고 후대에는 단순하고도 명확하게 '이윤'으로 불리게 되었다.[33] 이 집합에 들어가는 여러 다양한 현상들은 당연히 영리 활동에서 큰 중요성을 가짐에도 불구하고 이론적으로는 이러한 항목의 명칭에 함축되어 있는 바로서만 설명되는 것이 관례였다. 또 이러한 설명이 그 단순화로 인해 비판받기는커녕, 기술적 용어와 범주가 쓸데없이 많아지는 것을 피하려는 노력으로서 칭찬받을 만한 것으로 여겨지기까지 해왔다.[34]

하지만 이러한 종류의 현상들은 현대 영리 활동과 산업에서 그 양적 규모로 보나 또 그것을 통해 벌어지는 금전의 지배와 권력이라는 점에서 보나 가장 중요하고 가장 충격적으로 놀라운 현상들이며, 그냥 평범하게 쓰이는 '모험 사업가의 이윤'이라는 개념으로는 제대로 설명할 수가 없는 것들이다. 대규모 산업 금융가 혹은 큰 규모의 '이익 집단들'이 가져가는 거대한 이득은 사업가의 이득이라는 식의 묘사와는 제대로 조응하지 않는다. 그 이득은 특정 업계 지배자captain of industry의[35] 부로부터, 또 그 부로 인해 생겨나는 여러 관계들 속에서 주어지는 것이지 그의 '경영 능력' 하나에만 기초해서 나오는 게 아니라는 점에서 그러하다. 그런데 그렇다고 해서 그러한 이득(이는 그의 투자에 대한 보통의 수익을 넘는 가외의 금액이다)이 그 투자에 들어간 부의 소유자 혹은 그에게서 재량권을 위임받은 대리인이 커다란 사업적 재량권을 행사하는 것과 아무 관계도 없이 그저 그 투자에 필요한 부의 크기라는 요소 하나만으로 양이 결정된다는 것이 진리인 것도 아니다. 이 경우 행정적 혹은 전략적 재량권 행사와 활동들도 반드시 나타나게 되어 있기 때문이며, 그렇지 않다면 그 문제의 소득은 단순히 자본에서 나오는 소득이라고 평가되는 것이 옳을 것이다.

업계 지배자란 금전적 거물이며 자신의 투자에 대해 보통의 수익률을 초과하는 소득을 얻는 것이 정상적이다. 하지만 그에게 더 큰 이득을 취할 자격이 생겨나는 것은 그가 거량의 주식을 보유하고 있기 때문이다. 그의 거대한 보유 주식을 떼어놓는다면 그는 업계의 지배자가 될 수 없는 것이다. 하지만 현대 산업의 금전적 거물이 가져가는 이득의 양은 그의 보유 주식의 크기만으로 결정되지는 않는다. 현재 이 정도 수준의 사업가들에게 주어지는 종류와 크기의 이득이란 오직 그 소유자(혹은 그의 대행자)가 영리 활동 공동체에서 그 자금의 크기에 맞먹는 정도의 재량권과 통제력을 실제로 행사할 때에만 주어지는 것이다. 하지만 그래도 그가 행사할 재량권이 현실적인 힘을 가질 수 있는 것은 그가 엄청난 크기의 부를 가지고 있기 때문이며, 거기서 나오는 이득의 크기는 물론 그가 행사할 재량권과 통제권도 그가 가진 부의 크기로써 조건 지어진다고 어느 정도 분명하게 말할 수 있다.

이러한 문제들에서 금전적인 힘들이 행사되는 바는 현대 영리 활동 공동체에 익숙한 문제인, 여러 '이익 집단들'의 동맹이 어떻게 움직이며 어떠한 이득을 챙기는가에서 잘 나타난다. 이런 경우에 그 '이익 집단들'이란 모종의 인격적 특징—이들은 '이해관계를 가진 여러 당사자들'이다—을 띠고 있다. 이 다양한 이해 당사자들이 가진 명민함, 경험, 에너지 등이 그 최종 결과에 큰 영향을 미치게 되는데 이는 그 동맹 전체의 이득의 크기는 물론 동맹 내의 여러 이해 당사자들 간의 이익 분배에 있어서도 그러하다. 하지만 어떤 동맹이나 '지배 체제system' 내에서 특정의 '이해 당사자'가 차지하는 비중은 그의 개인적 재능이나 그 '이해 당사자'로서의 능력보다는 그 '이해 당사자'로서 통제하는 부의 크기, 그리고 그 부가 차지하는 전략적 위치 등과 좀 더 밀접한 비례 관계에 있다. 여기에서 그들 개인의 재능이니 능력이니 하는 것들은 주요한 요소가 아니다. 사실상 이러한 '지배 체제'를 구성하고 작동시키는 '이해 당사자'들의 작업이란 별다른 재주를 필요로 하지 않는 상투적인 절차인 것이 대부분이며, 여기서 발휘되는 최고의 독창성이나 창의성이라고 해봐야 수수료를 받기 위해 일하는 법률 자문 회사가 양도 증서의 두서頭書, the premises 따위를[36] 작성하는 데 들어가는 정도가 고작이다.

이러한 거래에서 오고 가는 숫자란 그 규모가 너무나 크기 때문에 보통 뒷부분이 반올림된 채로 이야기되기 마련이다. 하지만 이러한 숫자의 아찔한 크기에만 너무 감동받지 말고 좀 냉정한 자세로 현재의 영리 거래의 실태를 살펴보면, 이것이 금전적 거물들이 정말로 남들보다 더 명민하거나 창의적이라는 증거가 되기는커녕, 높은 차원에서 벌어지는 금융 거래라는 것이 얼마나 쉽고 단순한 책략으로 이토록 엄청난 금전적 결과를 맺을 수 있는가에 더욱 깊은 인상을 받게 될 것이다. 스틸 코퍼레이션Steel Corporation이라는 거대한 기업이 우여곡절 끝에 상장되었을 때 카네기Carnegie '이익 집단'에 돈을 댄 이들이 그 기업의 발기인들을 보기 좋게 한 방 먹인 경우라든가 스탠더드 오일Standard Oil이 나중에 들어 구사했던 치사스러운 전술들처럼 단순하고도 뻔한 방식을 상기해보라.37

이들이 창의력과 혜안 따위는 찾아볼 수 없는 사람들이라는 점은 이렇게 뻔히 드러나 있지만, 이들을 변호하기 위해 한 가지 지적할 점이 있다. 이러한 거대한 '이익 집단들'의 재량권을 쥔 우두머리들 다수가 노령에 들어선 이들이며 현재 세대의 금전적 거물들도 일반적으로 필시 어느 정도 나이를 먹은 이들일 수밖에 없다는 점을 기억하는 것이 자비로운 일일 것이다. 게다가 이러한 현재의 상황과 거기에 따르는 독특한 기회 및 수요가 등장한 것도 오직 지금 세대에 와서야 벌어진 일이라는 것도 기억해야 한다. 그들은 지금 우리가 고찰하고 있는 이 새로운 종류의 주식회사적 금융에서 현재 누리고 있는 우두머리 자리를 차지하기 위해서 그 이전에 거대한 부를 축적해놓아야 했다. 이러한 거대한 부야말로 영리 활동의 여러 사안들에 재량적인 통제력을 행사할 수 있는 유일의 원천이기 때문이다. 따라서 이러한 큰 부를 준비하는 과정에서 그들의 정력이 소진되고 말았음을 기억해야 한다. 그 결과 이들은 보통 몸소 '재량권을 행사할 능력을 가진 나이'를 훌쩍 넘겨버린 노인이 되고 나서야 비로소 그 재량권 행사에 필요한 전략적 위치를 얻게 되는 것이다. 하지만 여기서 그 금전적 거물들이나 그 거대한 '이익 집단들'의 대변인들이 이루어놓은 일들을 깎아내리려는 의도는 없다. 우리가 지금 논하고 있는 주제는, 생산에 들어간 자산의 '수익 창출 능력'에 근거한 것도 아니고 그렇다고 자산이 아닌 사업가들 스스로의 '수익 창출 능력'에 원인을 돌릴 수도 없는, 그러면서도 계속 양이 불어나고 있는 독특한 종류의 자본가의 소득 범주이다. 이들의 능력 문제를 논하는 것은 이 주제와 관련되어 있는 한도 내에서이다.

어쨌든 이상의 논의에서 이 경우의 자본가 소득 범주가 이들 스스로의 능력에서 나온 '감독자의 임금'이니 '기업가의 이윤'이니 하는 것들이 될 수 없다는 점은 명백해졌고, 또 그렇다고 해서 이 소득 범주가 자산이 갖는 소득 창출 능력에 해당되는 것도 아니라는 점 또한 명백하다. 이 두 번째 논점도 첫 번째 논점만큼이나 쉽게 증명할 수 있다. 만약 '지배 체제' 전체의 이득이나 그것을 구성하는 '이익 집단들'과 거물들의 이득의 원인을 그 생산 과정에 들어간 여러 자산의 소득 창출 능력—일반적으로 받아들여지는 '소득 창출'이라는 말의 뜻에서—으로 귀속시킨다면, 그들의 여러 자산도 이 가외로 창출된 소득에 기초하여 또 새롭게 자산 가치 재평가를 받게 될 것이고 또 그 과정에서 자본의 가치도 그에 해당하는 만큼 불어나게 될 것이니, 그 가외의 소득이라는 것도 결국 이전보다 불어난 자본의 이자 혹은 배당금의 모습으로서 장부에 잡힐 수 있을 것이라는 결론이 곧바로 나올 수도 있다. 하지만 이러한 재자본화는 비교적 아주 제한된 정도로만 이루어지는 것이며, 재자본화 과정에서 그렇게 설명되지 않는 새로운 범주의 자본가 소득은 어떻게 파악해야 하는가의 문제가 여전히 남게 된다.

물론 이러한 종류의 거래에서 나오는 각종 이득은 자본화된다. 대부분의 경우 이러한 이득은 각종 유가 증권의 발행 등과 같은 자본화된 형식으로 불어나게 되어 있다. 하지만 여기에서 자본화되는 그 각종 유가 증권들이 그러한 가외의 소득의 원천으로서 자본화되고 있는 것은 아니다. 그 거물들과 '이익 집단들'의 움직임이 영리 활동 공동체에 커다란 무게를 가지며 또 이들이 업계의 여러 사안에 재량적 통제권을 행사할 수 있는 근거는 결국 그들의 (커다랗게) 축적된 부 혹은 자산인 것인데, 이는 거의 모든 경우 유가 증권 등의 형태를 띠고서 여러 보통의 영리사업체에 투자되어 거기에서 이미 시세에 따라 배당금 혹은 이자를 벌어들이고 있는 상태이다. 따라서 이렇게 유가 증권 형태를 띤 그들의 자산은 그런 식으로 그 자산이 투자된 여러 기업들이 해당 기간에 벌어들이는 시세의 소득을 기초로 하여 그 시장 가치가 매겨지는 (따라서 자본화가 이루어지는) 것이다. 하지만 그 자산들이 이렇게 이미 이윤을 낳는 영리 기업에 투자되어 있다고 해도 그 금전적 거물들이 그 자산들을 또다시 더 고차적인 산업 금융이라는 대규모의 고이윤 거래를 수행하는 수단 혹은 기초로 유용하게 활용하는 것에는 아무런 장애도 따르지 않는다. 따라서 금전적 거물들이 고차적 금융에서 얻는 이득을 그들이 가지고 있는 자산에서 나오는 '수익earnings'으로 여긴다면, 이는 똑같은 자산을 자본으로서 중복하여 이중으로 셈하는 것, 즉 세고 또 세고 하는 일이 되는 것이다.

이러한 종류의 특수 이득을 이론적으로 보통의 수익 창출과 같은 의미로 다루려 하다 보면 또 다른 당황스러운 문제에 봉착한다. 그러한 특수 이득과 그 기초가 되는 자산들 사이에는 아무런 구체적인 시간적 관계가 없다는 것이다. 그런 이득은 피셔Irving Fisher 씨의 표현을 빌리면 규정 가능한 아무런 "시간적 형태time-shape"를 갖고 있지 않다.[38] 이런 종류의 이득은 그 크기가 결정되는 데에 있어 시간적 관계라는 것이 실질적 방식이나 유의미한 정도에 있어서 중요성을 전혀 갖지 않는다는 점에서 시간적 차원을 갖지 않는timeless 것

이다.[39]

　이러한 이론적 논점을 좀 더 공들여 신중하게 말한다면 이 특수 이득이 위에 말한 의미에서 '시간적 차원을 갖지 않는다'는 진술은, 그 이득을 낳는 영리사업체가 산업의 기술적 여러 조건들과 과정들로부터 단절되어 있는 경우로 한정된다는 점을 주목할 필요가 있다. 기술적(산업적) 절차는 물질적 인과 관계의 성격을 띠는 것이기에 인과율의 연쇄라는 시간적 관계에 종속되지 않을 수 없는 것이다. 이것이 자본과 이자에 대한 뵘 바베르크Eugen von Boehm-Bawerk와 피셔 같은 이들의 이론의 기초이다. 하지만 산업의 여러 과정과 구별되는 영리적 활동이란 기술적 과정에 직접적으로 관심을 두지 않으며, 그 기술적 과정에 들어 있는 인과 연쇄의 시간 관계에 직접적이고 획일적인 방식으로 종속되는 것도 아니다. 영리적 거래가 기술적 과정의 시간적 관계에 종속되는 것은 그것이 생산의 여러 과정들에 의존하며 또 그것을 추수follow up 하게 되어 있기 때문이니, 영리적 거래가 기술적 과정의 시간적 관계에 종속되는 정도 또한 그 의존과 추수의 정도에 따라서 결정된다.

　산업적 사업에 단순하게 투자하는 경쟁적 체제라는 것은 오늘날 진부하거나 구식이 되어버린 것이지만, 이 경우에 사업체는 자신이 투자한 산업적 과정들의 인과 관계에 기초한 순차적 질서에 상당히 직접적으로 의존하지 않을 수 없다. 현재 통용되고 있는 여러 자본 이론에서 이론 구성의 표준으로 설정되는 기업이 바로 이러한 기업이다. 그런데 이러한 기업이란 일차적으로 공동체의 산업적 효율성 안에서 작동하는 것인데, 그 산업적 효율성이란 인과 연쇄의 시간적 관계에 의해 규정되는 것이며 또 사실상 상당한 정도로 그 기술적 여러 과정들에서 소모되는 시간에 의해 결정되는 함수이다. 그러므로 그러한 기업에서는 거래는 물론 얻게 되는 이득 또한 상당히 긴밀하게 그런 시간적 관계에 의해 규정되는 것이 보통이며, 그래서 단위 시간당 몇 퍼센트 이익이라는 형태, 즉 생산 과정에 소요된 시간의 함수로서 다루어지는 것이 전형적이다.

하지만 영리사업적인 거래들 자체는 시간 소요의 문제가 아니다. 이 경우에 시간은 본질적인 것이 아니다. 이 금전적 거래의 크기는 그 거래를 성사시키는 데에 들어간 시간과 어떤 함수 관계도 없으며 거기에서 생기는 이득도 그러하다. 지금 우리가 고찰하고 있는, 높은 수준에서 거래를 벌이고 있는 대규모 영리 기업들의 경우를 생각해보자. 이들이 그러한 거래를 통해 얻는 이득이라는 것이 그 기초가 되는 일련의 기술적 과정들과 무슨 관계를 맺고 있는가를 따져보면 그것은 보통 희미하며 거리도 멀고 불확실하다는 것을 알게 된다. 따라서 이 경우에 시간이라는 요소는 두드러지게 나타나지 않으며, 그것이 끼치는 효과가 미결정 상태라는 점도 상당히 명백하다 하겠다. 하지만 이러한 높은 수준으로 올라간 영리사업이라고 해도 다른 사업들처럼 시간 속에서 벌어지는 것은 물론이며, 그 거래와 이득의 크기 또한 장기적으로는 그 기술적(산업적) 효율성을 지배하는 시간적 관계에 의해 상당히 긴밀하게 규정되지 않을 수 없다는 것 또한 분명하다. 그 사업도 궁극적으로 또 간접적으로는 그 기술적 효율성에 의존하며, 또 아무리 멀고 간접적인 관계라고 해도 그 이득 또한 최종적으로는 기술적 효율성에서 도출되는 것이다.

우리가 지금까지 자산에 대해 논했던 방법을 연장하여 이 특수 이득의 여러 현상을 분석하는 것에는 난점이 없지 않으며, 또 잠정적이고 모호한 결과 이상을 낳을 것으로 기대하기 힘들다. 이러한 종류의 특수 이익이라는 문제는 경제 이론가들의 관심을 거의 끌지 못했고 심지어 의미 있는 실수조차 낳은 적이 거의 없었다.[40] 이 문제가 이토록 관심을 끌지 못한 분명한 원인은 그 해당 사실들이 비교적 새로운 현상이라는 데 있다. 이 최근의 해당 사실들은 '자본을 매물로 삼는 거래Traffic in Vendible Capital'라는 제목으로 대충 포괄할 수 있겠으나, 이것은 그 특수 이득이 생겨나는 종류의 영리사업을 총칭하는 말일 뿐 거기에서 작동하는 여러 힘들에 대한 충분한 성격 규정은 물론 되지 못한다.[41]

이렇게 자본을 매물로 삼는 종류의 거래는 과거에도 알려져 있었던 것이기는 하지만 이것이 가장 중요한 영리사업 방식으로 전면에 나서게 된 것은 오직 최근의 영리사업의 동향에서 보이게 된 바이다. 이것이 전면에 나서게 되었다는 것은 바로 이러한 종류의 거래가 오늘날의 영리 활동에서 최고의 창의성과 재량권 발휘가 이루어지는 영역이 되었다는 뜻이다. 또한 이는 이런 종류의 거래가 절대적 크기에서뿐만 아니라 그 거래에 들어간 자산들의 크기와 비교해서도 가장 큰 이득이 생겨나는 영리사업이라는 것을 뜻한다. 이러한 거래가 이득을 낳는 성질에 있어서 이토록 탁월한 이유의 하나는, 거기에 포함된 자산들이 이미 일상의 영업 활동에서도 철저하게 이용되고 있는 것이어서 이러한 종류의 거래에서 나오는 특수 이득이란 이미 투자된 부가 낳고 있는 수익 위에 덧붙여서 주어지는 일종의 보너스와 같은 것이라는 점에 있다. '이건 마치 길바닥의 돈을 줍는 것과 같다'.

앞에서 말했지만, 이 우월한 종류의 영리사업에서 특징적으로 나타나는 방법, 즉 방식과 수단은 자본을 매물로 삼는 거래이다. 이 판에서 거두어들인 부는 보통 자본화된 형태를 띠고 있으며, 그것이 그 모든 거래, 즉 '흥정deal'이 성사될 때마다 금전적 거물들이나 '이익 집단들'이 영업 공동체의 자본화된 부 전체로부터 뜯어 가는 금액을 형성한다. 그 개략의 목적은 다른 자본가들로부터 자본화된 부를 이 거래를 통해 이득을 본 자본가들에게로 이전하는 것이라고 할 수 있다. 자본화된 부를 이렇게 그 예전 소유자로부터 이전시키는 혹은 뜯어 가는 것은 보통 그 부를 이전받는 특정 사업체의 명목 자본의 증가를 통하여 이루어지는데, 그 특정 사업체는 자신에게 주어지는 (일시적인) 이득을 기초로 삼아 자신의 자본화 가치 총액을 불리게 되는 것이다.[42] 자본화의 기초가 되는 물질적 부에 있어서 상응하는 만큼의 증가가 수반되지 않는데도 이런 식으로 그 자본화 가치가 늘어나게 되면 실질적으로는 영리사업 공동체 전체의 자본화된 부의 재분배가 일어날 수밖에 없다. 여기에서 이득을 보는 위치에 있는 것이 그 거물 금융가들이다. 이 문제의 이익은 영리 활동 공동체 전체, 즉 투자된 부 전체로부터 나오는 것이며, 영리 활동 공동체가 수익을 뽑아내는 원천인 사회 공동체와는 아주 멀고도 간접적인 관계만을 맺을 뿐이다. 평균적인 기업체의 이익(평범한 수준의 이윤과 이자)이 산업 영역으로부터 뜯어내는 일종의 조세인 것처럼, 그 거물 금융가들이 거두는 이익도 그 방식에 있어서나 효과에 있어서나 마찬가지로 그 평균 수준의 영리사업체들로부터 뜯어내는 일종의 조세라고 할 수 있다.[43]

옛날 식 자본가-고용주가 산업 공동체의 기술적 효율성을 독점해버렸던 것과 비슷한 방식으로 현대의 금전적 거물들은 영리사업 공동체의 자본주의적 효율성을 독점해버린다.

이 자본주의적 효율성이란 자본가-고용주가 그 물질적 장비를 소유하고 있다는 것을 힘으로 삼아 적절한 협상으로 산업 공동체를 꼬드겨서 그것의 생계유지에 필요한 만큼을 넘는 잉여 생산물을 물질적 장비의 소유자에게 넘겨주도록 이끌어내는 능력에 있다. 그리고 자본가-고용주의 운세는 시장이 굴러가는 상황, 즉 시장에서 유리한 조건으로 사고팔 수 있는 국면인가 아닌가와 긴밀하게 연결되어 있다. 따라서 자본가-고용주는 시장에서 특별히 오직 자신에게만 일정한 유리함을 창출하고 획득하기 위해 불철주야 노력하며, 그 과정에서 독점, 굿윌, 법적 특권 등 여러 무형 자산을 동원하는 것을 방법으로 사용한다.

하지만 금전적 거물은 만약 그가 정녕 금전적 거물이라는 개념에 부합하는 힘을 가진 자라면, 자본가-고용주들이 목을 매고 있는 시장보다 한층 우월한 위치에 있는 자일 수밖에 없다. 따라서 그는 유리하게 재화를 사고팔 수 있는 시장의 국면을 스스로 만들어낼 수도 있고 또 망쳐버릴 수도 있는 능력을 가진 사람이다. 다시 말하면, 그는 자기 앞길에 어떠한 자본가-고용주가 나타날 경우 그 사람이 특별히 보유하는 유리함을 만들어줄 수도 있고 망쳐버릴 수도 있는 위치에 있는 것이다. 그가 그렇게 할 수 있는 힘은 그가 보유한 전체의 거대한 자본에서 나오는바, 그는 여러 투자 노선 중에서 어떤 노선이 다른 노선보다 상대적으로 효율성—수익 창출 능력―이 더 좋은가를 따져 자신이 보유한 거대한 자본의 비중을 이리저리 이동시킬 수 있다. 그리고 그렇게 투자의 비중을 옮기는 순간마다 자신의 목적에 효과적으로 부합되기만 한다면 투자된 부의 약간을 잘라내어 다른 것과 합치기도 하며, 그 자본이 가지고 있는 수익 창출 능력의 약간을 잘라내어 일정한 노선에 따라서 철회해버리기도 하는 것이다.

다시 말하면, 그가 단순한 자본가-고용주를 넘어서 진정 금전적 거물의 개념에 실질적으로 부합하는 정도만큼 그는 투자된 부의 자본주의적 효율성을 독점해버릴 수 있게 되는 것이다. 즉 공동체 전체의 산업적 효율성을 자본가-고용주들이 효과적으로 독점하게 되면 다시 그것을 이 금전적 거물이 자기 목적에 이용하게 되는 것이다. 그는 그 공동체 전체 차원에서의 화폐의 사용을 지도해나갈 힘과 기술을 독점하고 있다. 비상한 크기의 거대한 부를 가지게 되면 그것을 이런 식으로 활용할 수 있다는 점은 비교적 최근에 발견된 바이거니와, 그것 특유의 영리 활동의 기능이 이렇게 현실에서 이루어지게 되면 그 정도에 비례하여 구식의 자본가-고용주는 그 스스로의 재량에 의해 사업을 이끌어나갈 능력을 상실하게 되고, 결국 공동체 전체에서 수입을 거두어들여 그 금전적 거물에게 전달해주는 수탈과 이전의 도구, 즉 단순한 중개인으로 전락하게 된다. 이상적인 경우라면 이 금전적 거물은 그 총수익 가운데에서 그 자본가-고용주가 계속 영업을 할 유인이 될 만큼만 그에게 수당으로 주어지도록 하고 나머지를 모두 가져가버리게 된다.

공동체 전체의 산업적 효율성은 그 물질적 장비에 대한 자본가-고용주들의 소유권과 지배를 통해 사실상 이미 그들에게 넘어가 독점당한 상태인지라, 공동체 전체의 입장에서 보면 이러한 최근의 경제적 조건의 발전 단계가 그렇게 큰 중요성을 가진 문제도 아니며 또 새삼스레 감정이 뒤틀릴 만한 문제도 아닐 듯싶다. 피상적으로 보면, 그 공동체 내에서 투자로 소득을 얻는 일부를 뺀 나머지 모든 계급에 있어서는 사실 이 문제가 그저 재미난 입담거리 이상이 될 수 없을 듯하며, 특히 노동 계급은 이렇다 할 재산이 있는 것도 아니고 그들의 유일한 생계 수단인 기술적 효율성은 이제 사실상 남의 것이 되어버렸으니 더더욱 관심을 가질 이유가 없을 듯싶다. 그런데 현재 대중들의 감정 상태는 그렇지가 않다. 자본주의 발전에 있어서 이 더 높은 차원에서의 영리사업이라는 새로운 국면은 아직 발생 초기임에도 불구하고 그것을 바라보는 대중들에게 지극히 격렬한 우려를 불러일으키고 있다.

경악과 불안의 혼란 속에서 우리 시대의 가장 대담하고 가장 지혜롭고 가장 공공 정신이 투철하며 가장 모범적인 신사들이 정력을 바쳐 비판의 목소리를 높이고 있지만, 그들의 주장은 병아리들이 모두 알을 까고 나온 둥지에다가 계속 암

닭을 눌러앉혀두려는 시대착오적 시도에 불과하다. 현대의 공동체는 영리 활동의 원리들로 푹 젖어 들어 있지만, 그 원칙들이란 이제 구약 시대의 율법과 같은 옛날 것에 불과하게 된 것이다. 사람들은 많은 훈계와 또 사례들을 통하여 영리 활동(규모와 업종에 있어서 지금은 확실하게 퇴물이 된 옛날 식 영리 활동)의 이익이야말로 둘리Dooley 씨의 표현대로 우리의 문명 세계를 지켜주는 수호신이라고 배워온 바 있다. 따라서 현존하는 자본가-고용주(금전적 거물과 구별되는)의 금전적 지배가 위태로워진다면 우리 공동체의 안녕도 흔들리는 것이 아니냐는 낭패감을 느끼고 있는 것이다.

물론 이러한 낭패감에 빠진 주장과 또 그 구식의 자본가-고용주의 금전적 삶을 구하기 위해 제안된 개선책들에 어떤 들을 만한 것이 있는가는 우리의 탐구 관심사가 아니다. 여기서 이 문제를 언급하는 것은, 이 금전적 거물들이라는 존재의 활동 그리고 그들의 터무니없을 만큼 엄청난 부를 통해 얻게 된 지배력이 사실상 실질적으로 경제 발전의 새로운 단계이며, 또 이러한 현상들이 혐오스러울 만큼 낯선 것으로서, 그리고 현재 받아들여지는 제도적 구조를 위협할 만큼 중차대한 문제로서 사람들에게 다가오고 있다는 증거를 보이기 위해서일 뿐이다. 달리 말하자면, 영리적 사업이 새로운 단계로 다가오고 있으며 그 새로운 단계란 그로 인해 손해를 입게 되는 이들에게는 혐오스러운 사태가 아닐 수 없다는 것이다.

이러한 더 높은 판에서 벌어지는 영리적 사업의 기초가 되는 것은 보편적 자본capital-at-large으로서, 이는 어떤 단일 종목의 산업적 기업에 투자되어 고정되어 있는 자본과는 다른 것이다. 또 이것이 효력을 발휘하려면 부가 상당한 크기로 축적되어 그것의 소유자(혹은 소유자들의 조합, 즉 흔히 '지배 체제system'로 불리는 것)가 자신이 합법적 투자(혹은 증권 인수 등)로써 비중 있게 참여한 사업 집단이나 영리적 이익 집단의 분파에 대한 통제력을 거머쥐게 해줄 만큼이 되어야만 한다. 또 그 금전적 거물은 영리 활동 공동체 전체의 여러 분파나 부문들이 통상의 이득을 얻기 위해 반드시 의존하지 않을 수 없는 금융적 지도 능력과 사업 기회들을 효과적으로 독점할 능력을 가져야만 한다.

그렇다면 어느 정도 크기의 자본을 가져야 영리 활동 공동체의 전체 자본의 자본주의적 효율성을 모든 방면에서 실질적으로 독점할 수 있는가. 이는 절대적 수치로는 물론이고 상대적인 방식으로도 만족할 만큼 구체적 답변을 할 수 없는 문제이다. 물론 그러한 목적을 위해서는 비교적 상당한 크기의 처분 가능한 자본이 필수적이라는 것만큼은 분명하다. 또 영리 활동의 근황을 보건대, 그런 목적으로 쓰는 자본의 크기라는 것이 꼭 전체 자본에서 다수의 위치를 점하거나 그에 가까운 만큼이 되어야 하는 것은 아니라는 점 또한 명백하다. 적어도 이러한 더 큰 규모의 영리사업이 아직 비교적 초기 단계에 머물고 있는 현재까지는 그렇게 말할 수 있다. 그 금전적 거물이 가진 자산이 많을수록 그가 소규모의 자본 가-고용주들의 자산을 흡수하는 활동도 더욱 효과적이고 용이하게 될 것이며, 또 후자가 자기 자산을 이 새로운 청구권 자에게 넘겨주는 일도 더욱 급격하게 벌어질 것이다.

이러한 금전적 거물의 활동이라는 것이 보통의 경쟁 체제에서 무형 자산이 창출되는 과정과 대단히 유사하다는 점은 명백한 일이다. 금전적 거물의 활동이 이 점에서 현재의 자본주의적 기업 활동에 가장 접근해 있다는 것도 의문의 여지가 없다. 하지만 앞에서 밝힌 바 있듯이, 이 금전적 거물의 특수한 활동을 가리켜 무형 자산이나 혹은 그 밖의 어떤 자산의 창출이라고 말해서는 안 된다. 물론 그가 꾸며대는 여러 가지 책략 가운데에는 보통 자산 가치 재평가라는 방법도 포함되어 있고 또 그가 거두는 여러 가지 이득이 보통 자산이라는 자본화된 형식을 띠고 나타나는 것도 사실이지만, 그래도 이를 자산의 창출이라고 부를 수는 없다. 또 앞에서 이미 본 것처럼, 그의 특수한 사업에 수단으로 쓰이는 그 엄청난 크기의 부가 그의 사업체에 대해서 또 그 사업체의 이득에 대해서 자산이라는 관계를 맺고 있는 것처럼 보아서도 안 된다. 왜냐하면 그 부는 보통의 영리 활동을 하고 있는 주식회사의 유가 증권의 형태를 띠고 있는바, 그 부는 전액이 그 회사의 자산으로 기록되어 있으며 그래서 이미 해당 항목의 이자와 배당금이라는 관계로 얽혀 있기 때문이다.

물론 다음과 같이 주장할 수도 있다. 이 더 높은 차원에서의 영리사업의 현재 상태는 일시적인 것일 뿐이며 곧 바뀌게될 것이라고. 그래서 조만간 올 것으로 기대되는 좀 더 질서잡힌 상황에서는 그 금전적 거물과 영리 활동 일반의 관계가일종의 무형 자산의 형태로서 자본화될 것이며, 이는 지금도이루어지고 있는바 보통의 '트러스트'가 갖는 독점적 이익이자본화되는 방식과 마찬가지일 것이라고. 하지만 이러한 주장은 아무래도 추측 이상은 될 수 없다. 게다가 이 추측의 근간이 된 생각은 과거의 상황에서 도출된 일반화에서 나온 것이기에 현재나 미래에 적용할 수는 없는 것이다. 그 추측의모태가 된 과거 상황에서는 현재와 같이 더 높은 판에서 벌어지는 영리사업이 금융의 지도 능력을 독점하여 지배적 역할을 차지하는 일은 없었으니까.

현대의 영리적 자본

대부 신용에 대한 지금까지의 논의 속에서[44] 현대 영리적 자본의 독특한 성격의 많은 것들이 이미 이야기된 바 있다. 그럴 수밖에 없는 것이, 초기의 영리적 시장 거래와 나중 단계의 자본 경영을 비교해볼 때 가장 극적으로 대조되는 특징들이 바로 이러한 신용의 광범위한 활용이라는 점에 있기 때문이다. 독일의 경제학 저술가들이 정해놓은 용어들을 선례로 따른다면, 근대 후기의 경제생활의 틀은 '신용 경제'라고 할 수 있으며 이는 근대 초기 시대의 특징이었던 '화폐 경제'와 대조되는 것이다.[45] 영리적 자본이 산업 과정과 맺는 관계는 이렇게 최근에 들어서 더욱 완전하게 발전된 신용 경제와 오늘날처럼 완전하고 자유로운 신용 활용이 영업 거래에서 중심적 위치를 점하게 되기 이전 시절 사이에 사뭇 차이가 나며, 특히 그 옛날 세대의 경제학자들이 내놓았던 이론적 설명과는 더욱 크게 어긋난다.

　'자본'이란 산업 활동을 진행시키기 위한 물질적 수단—

산업 장비, 원자재, 산업 활동에 종사하는 이들의 생계 수단—의 축적이라고 말하는 것이 오늘날까지도 경제학자들 등등의 습관이다. 이러한 관점은 애덤 스미스Adam Smith 이전 세대의 시절에 영리 활동과 산업 활동이 처해 있었던 상황에서 생겨나 오늘날까지 내려오고 있는 것이다. (애덤 스미스는 자기 이전 세대들이 영위했던 삶의 틀에서 상식처럼 여겨지던 사실들과 관념들을 뽑아내어 그것을 이론적으로 사변하는 것에 골몰했었다.) 나아가 이는 애덤 스미스의 사변 설파 대상인 그의 동시대인들이 가지고 있었던 관점이 오늘날까지 전해져 내려온 것이기도 하다. 다시 말하자면, 영리 자본의 성격과 그것이 산업 활동과 맺는 관계에 대해 오늘날 널리 받아들여지는 이론적 공식들은 아직 신용과 현대적 주식회사라는 방법이 경제생활에서 최고의 중요성을 가지게 되지 않았던 저 '화폐 경제' 시절의 상황에 근거를 둔 것이다. 그러한 이론적 공식들은 자본의 성격이나 그것이 산업과 맺는 관계 등을 공리주의 철학에서 보이는 것과 같은 공동체 전체의 물질적 복지라는 관점으로 그려내고 있다. 공리주의 철학 체계에서는 전체의 분위기를 지배하는 중심적인 이익으로 여겨지는 것이 공동체 전체의 복지라는 것이며, 자연의 총체적이고도 조화로운 질서라는 것도 결국 이것을 중심으로 수렴되게 되어 있는 것이다. 이러한 근대 초기의 여러 사변적 이론들에서 모든 영리적 거래는 종국적으로 국가의 부라는 것을 지향하도록 짜여 있다. 그리고 이 국가의 부라는 것은 또 만물의 '자연적' 계획에 합치하게 되어 있는 것이었고, 그 계획이란 만물이 힘을 합쳐 전 인류의 복지를 향상시키도록 짜여 있는 것으로 여겨졌다.

그래서 오늘날 받아들여지고 있는 경제학 교리들 속에서 영리적 자본에 대한 이론 혹은 이론인 듯 여겨지는 주장들은 자연적 자유, 자연권, 자연법 등과 같은 18세기 사상의 구조를 틀로 삼아 생겨난 것들이며 또 거기에서 논의되는 문제들에 답할 수 있도록 고안된 것들이다. 그리고 자본과 자본가들의 역할에 대해 오늘날 널리 받아들여지고 있는 공리들도 그 내용에 있어서 자연의 여러 법칙이라는 성격을 가지고 있다. 그것도 그 자연의 여러 법칙이라는 용어가 탄생한 그 시절에 이해되던 것과 똑같은 방식으로 말이다. 이 공리들이 자본과 자본가들의 성격과 그 규범적 기능에 대해 천명한 바를 여기서 다시 이야기할 필요는 없다. 그 내용은 경제학 지식이 있는 독자이건 일반 독자이건 충분히 익숙한 것일 테니까. 또 이러한 관점이 경제 이론에 있어서 어떤 미덕을 가지고 있는지 그리고 이런 식의 자본 개념이 그것이 고안된 본래의 목표에 얼마나 충분히 부합하고 있는지를 논하기 위해 우리 논의를 중단할 필요도 없을 것이다. 현대의 기업 경영자들은 이러한 관점을 받아들이지 않으며, 그들에게 '자본'이라는 말이 앞에서 말한 것과 같은 의미를 갖는 것도 아니다. 왜냐하면 현대의 영리 활동을 지배하는 상황이란 모종의 자연적 질서가 부여해준 것 같은 자비로운 상황도 아니며, 그 영리적 거래 활동을 통제하는 목적에 애덤 스미스의 사회 철학의 궁극적 개념을 이루었던 저 만인의 행복 같은 것이 들어가 있는 것도 아니기 때문이다.

영리사업 계획에 있어서 '자본'이란 일정한 화폐 가치를 가지는 기금fund이다. 그리고 산업적 영리 활동에 있어서 지배적인 요소는 신용 경제나 주식회사적 금융 같은 것들이 되었다. 따라서 그러한 일정한 (총계로 계산된) 화폐 가치의 기금은 산업 장비나 또 옛날 식 산업 자본의 개념에 들어갈(아마도 적절하게) 여러 항목들과는 아주 멀고도 부침이 심한 관계만을 맺을 뿐이다.[46]

자본이란 산업 장비 등등의 비용을 자본화capitalized한(총계화한) 것으로 이야기되어왔거니와,[47] 이러한 견해는 지금으로부터 백 년 전의 경제 이론에서는 의미를 가질 수 있었을 것이다. 하지만 오늘날에는 주식회사적 금융의 관점이 기업 경영의 모든 측면에 속속들이 침투해 있는지라, 이 견해는 이러한 사실을 다루는 이론으로서는 특별한 쓸모를 가질 수가 없게 되었다. 성가시게 복잡한 논의를 피해 가기 위해 다음과 같은 정도로 이야기해두자. 영리 활동을 합자 회사partnership나 개인 회사 등이 지배하던 옛날에는 해당 기업이 소유한 물질적 장비의 비용을 자본화의 기초로 삼는 것이 옳은 일이었다. 그리고 오늘날에도 합자 회사와 개인 회사의 방법이 여전히 지배적인 것이라고 한다면 역시 그 비용을 오늘날의 자본화 방법—특히 법적 차원de jure에서—으로 쓰는 것이 옳을 것이다. 하지만 영리 활동의 절차와 여러 관념들의 모습이 현대적 주식회사(혹은 유한 회사)에 의해 결정되고 있다면 자본화의 기초 또한 점차 변화하게 된다. 그리하여 마침내 자본화의 기초는 더 이상 소유하는 물적 장비의 비용에 의해 주어지지 않고 그 기업이 영속 기업going concern 으로서 갖는 수익 창출 능력earning-capacity에 의해 주어지게 된다.[48]

물론 어떤 주식회사의 자본의 크기는 법적으로는 고정된 것이며, 그 크기는 그 회사 설립에 관련된 법에 의해서 혹은 사업 허가증이나 그 허가증의 근거가 되는 법에 의해서 이미 과거에 고정되어 있기 마련이다. 하지만 이러한 법적 차원에서의 자본화란 단지 명목적인 것일 뿐이며, 그러한 법적 차원의 자본과 실제의 자본의 크기가 일치하는 회사는, 전혀 없지는 않을지 몰라도 거의 없다고 해도 좋다. 그런 일이 벌어지려면 그 회사의 자본을 구성하는 모든 유가 증권들의 시장 가치가 그 법적 가치와 똑같아야만 한다. 현대 기업에 있어서 실질적인 자본화란, 회사 설립의 법적 요건을 충족한다는 목적이 아니라 지금 당장의 영리 활동이라는 목적에 대해 효력을 갖는 자본화를 뜻하는 것이다. 그리고 그 크기는 그

회사의 유가 증권의 시장 가치에 의해서 주어지며, 그 회사
의 자본이 시장에 상장되어 있지 않은 경우에도 비록 시장에
서의 평가만큼 명백하지는 않겠지만 그래도 그와 유사한 종
류의 시장 가치 평가 작업에 의해 결정된다. 자본화를 법적
차원이 아니라 실질적인 (영리 활동상의) 자본화로 본다면 그
크기는 과거에 있었던 주식 발행이나 법인 설립의 법령 등에
의해 불변으로 영원히 고정된 것이 아니다. 현대 영리 기업
의 자본화는 그 회사가 소유한 유형 및 무형의 재산들에 대
해 그 수익 창출 능력에 기초하여 가치를 평가함으로써 주어
지는 것이며, 그러한 가치 평가는 언제든 다시 이루어지면서
반복되는 것이기에 그 자본화의 가치를 고정시키는 것도 항
상 일시적인 것일 수밖에 없다.[49]

　　앞 장[50]에서 이미 나온 바 있듯이, 이러한 수익 창출 능력
의 자본화 과정에서 핵심이 되는 것은 설비의 비용이 아니
라 그 기업이 소유하고 있는 이른바 굿윌이다.[51] '굿윌'이란
상당히 광범위한 용어인데다가 최근에는 그것의 의미가 옛
날보다 더욱 포괄적이 되었다. 사실상 그것의 의미가 이렇게
확장된 것은 그것이 현대적 영리 활동에서 쓰이는 여러 방법
들의 요구에 부응하면서 점차 이루어진 일이다. 이 '굿윌'이
라는 제목 아래에는 온갖 항목들이 모두 들어가고 그 성격도
대단히 다양하다. 하지만, 그렇게 들어간 항목들은 모두 '비
물질적 부immaterial wealth', '무형 자산'이라는 공통점이 있다.

참고로 덧붙여두자면 이 말의 가장 중요한 의미는 이러한 종류의 자산들이 그 소유자에게만 쓸모가 있고 공동체의 입장에서는 아무런 쓸모가 없다는 것이다. 이렇게 넓은 의미에서 본 굿윌이라는 범주에는 고객 사업자들과의 안정된 관계, 정직한 거래자라는 평판, 법적 특권과 독점권, 상표, 브랜드, 특허권, 지적 소유권, 특별한 과정들을 배타적으로 사용하고 그 권리를 법이나 비밀 조약 등으로 보호받는 것, 특정 자원에 대한 배타적인 통제권 등이 모두 들어간다. 이 모든 항목들은 그 소유자들에게는 경쟁자들을 앞설 수 있는 차등적 이점을 가져다주는 것이지만 공동체에게는 아무런 이점도 가져다주지 않는 것이다.[52] 이런 것들은 그것을 소유한 개개인들에게는 다른 이들을 앞서게 해주는 차등적인 부가 되지만, 나라의 부라는 차원에서는 아무런 역할도 하지 못한다.[53]

이러한 굿윌의 자본화가 최고로 활용되는 경우는 산업적 주식회사들에서 볼 수 있다. 이 '산업적 주식회사들'에는 철도 회사들, 철강 기업들, 광업 등등이 모두 들어가며, 주식 시장에서 특히 '산업체industrials'라는 이름으로 알려진 것들도 모두 들어간다. 물론 주식회사라는 형태가 산업 영역에서 활동하는 영리 기업이 취할 수 있는 유일한 형태는 아니지만, 그래도 이것이 현대의 산업 경영을 위한 영리 조직에 전형적이고도 특징적으로 나타나는 형태이며 따라서 현대의 자본이 갖는 여러 특징들도 이러한 현대 주식회사의 형태 속에서 가장 잘 드러나게 되는 것이다. 이 주식회사의 다수는 그 전에 존재하던 합자 회사 등의 기업 형태에서 발전한 것이 며 오늘날에도 이따금씩 눈에 띄는 주식회사들 중 합자 회 사에 기원을 둔 경우들이 있다. 이렇게 합자 회사 등의 기업 형태에서 주식회사로 전환하는 경우, 새 주식회사가 나타나 면 그 이전 합자 회사 시절에 가지고 있었던 굿월 전체를 형 태와 이름만 바꾸어 그대로 넘겨받는 것이 규칙이 되어 있 다. 또 반대로 합자 회사 등과 같은 개인 기업이 번창하여 앞 에서 열거한 굿월의 여러 항목들 중 몇 개 또는 전부에서 확 실한 입지를 얻게 될 경우에는, 현대적 영리 활동에 따라오 는 절박한 필요에 강제되어 주식회사로 전환—단순히 스스 로 전환할 수도 있고 또 다른 회사들과 합병을 통해 더 큰 하 나의 주식회사로 합칠 수도 있다—하는 운명을 밟아나가지 않을 수 없다. 물론 이러한 문제에 있어서 고정된 규칙 따위 가 있는 것은 아니다. 개인 기업은 모종의 조치를 통해 현재 확립된 주식회사적 금융의 여러 방법들을 한편으로 활용하 면서도 주식회사 형태로의 형식적 전환을 회피할 수도 있다. 또 다른 한편으로 법인 기업도 개인 기업에서 흔히 이루어지 는 방식에 따라서 기업을 운영할 수도 있다. 하지만 전체적 으로 보면, 주식회사의 형태를 취한다는 것에는 좀 더 현대 적인 자본화의 방식과 더 자유롭게 신용을 활용한다는 것이 연결되어 있음을 발견할 수 있다. 이 측면에 있어서 주식회사라는 형태가 유리하다는 점은 오늘날 널리 인정되고 있는 바이다. 한편 농업, 어업, 지역 소매업, 그리고 기계와 관련된 소소한 직종 및 직업들처럼 독점적 위치나 무형적 성격의 차등적 이득을 쉽게 얻기 힘든 '후진적' 유형의 산업에서는, 한결 낡은 형태의 조직과 영업 경영의 형태가 여전히 지배적인 위치를 차지하게 되며 주식회사적 금융 특유의 여러 방법들도 일반적으로 활용되지 않는다. 이러한 범주의 산업들에서 거대한 (주식회사) 조직이란 아직까지 현실성이 없는 것이 사실이며, 또 여기에서는 굿윌의 성격(앞에서 말한 바의)을 갖는 차등적 이득이라는 것이 비교적 그 양도 보잘것없고 또 앞날을 기약할 수도 없다. 하지만 그러한 종류의 차등적 이득이 광범위하게 나타나게 되면 주식회사라는 조직 형태가 또한 나타나기 쉽다.

이전에 존재하던 개인 회사에서 주식회사가 파생되는 것이 아니라 아예 처음부터 완전한 모습을 갖춘 주식회사로 시작하는 경우도 빈번하다. 이 경우엔 시작부터 자본화의 기초가 될 비물질적 재화를 상당한 양으로 갖추고 시작하는 것이 보통이다. 그것은 철도·전화·전신·전차·가스·수도 회사의 경우처럼 독점권이 될 수도 있고, 석유나 천연 가스 회사 또는 소금·석탄·철·목재 회사의 경우처럼 특정한 자원에 대한 통제권이 될 수도 있고, 특별한 산업 과정을 자기 것으로 유지해주는 특허권이나 산업 기밀일 수도 있고, 또 이것들 몇 개를 한꺼번에 갖춘 것일 수도 있다. 이렇게 차등적인 이득을 가져다줄 만한 비물질적 재산의 묶음을 갖추지 못한 채 어떤 주식회사가 그 생명을 시작할 경우엔 그 경영자들은 상표, 고객, 거래선 등 자신에게 지역적 차원에서 또 전반적 차원에서 무언가 독점적 지위를 가져다줄 수 있는 굿윌의 기초를 마련하는 쪽으로 노력을 경주하게 된다.54 만에 하나 그러한 '비물질적' 토대에서 확실한 발판을 마련하는 노력이 성공하지 못하게 될 경우에는 경쟁 기업들 사이에서 그 주식회사가 살아남는 것이 위태로워지고 그 위치도 불안해지며 그 경영자들도 자신들에게 주어진 과업을 성취하는 데 실패한 셈이 된다. 산업적 주식회사에 있어서 실질적인 기초는 그 비물질적 자산인 것이다.

산업에 연관된 현대 주식회사는 자신이 탄생한 지역의 범위를 넘어서는 크기이며 그 거래 관계도 경영진이 몸소 대면할 수 있는 정도의 범위를 넘어서게 되는 것이 전형적인 모습이다. 그 재산과 부채 또한 이사회와 직접적인 대인 관계가 없는 사람들에게까지 공동으로 소유되게끔 되어 있다. 이러한 성격의 최신 형태의 주식회사에서 주식회사의 자본, 즉 그 자본화의 구성은 대충 다음과 같은 모습이 되는 듯하다. 그 기업의 비물질적 재산들은 지나치게 크거나 가치가 높은 경우가 아니라면 보통주의 기초가 된다. 상대적으로 작고 지역적인 규모의 주식회사의 경우에는 보통주가 비물질적 재산의 가치를 좀 넘어서서 공장 설비 같은 것들도 일부 포함하는 것이 보통이다. 보다 큰 기업들에서는 그 반대로 보통주만이 아니라 그 이외의 유가 증권들에 있어서도 비물질적 재산, 즉 무형 자산이 어느 정도 기초가 되어준다. 보통주는 무형 자산을 대표하며, 가치 평가가 가능한 상표, 특허권, 기술적 과정, 사업 독점권 등등으로 그 구성이 설명되는 것이 전형적이다. 이미 소유하고 있거나 앞으로 취득할 물질적 재산, 즉 유형 자산은 모두 우선주preferred stock나 여타 유형의 회사채debentures의 기초가 된다. 물질적 장비와 운전 자본working capital은(이 후자의 항목은 경제학자들이 사용하는 원자재, 임금 기금 등의 범주들과 대충 일치한다) 여러 다양한 형태의 회사채들의 기초가 된다. 이러한 회사채들 가운데에서도 우선주야말로 현대의 가장 특징적인 발전이다. 이는 법적으로 그 기업의 자기 자본의 구성 요소로 계산되며 따라서 그 원금은 돌려받을 수 없다. 따라서 우선주는 이러한 (법적) 측면에서 부채 등 무언가 신용적 도구를 주고받은 증거물이 되지 않는다.[55] 하지만 우선주의 소유자는 그 기업의 영업 정책의 방향에 대해서 별 목소리를 낼 수가 없다.[56] 현실에 있어서 경영을 좌우하는 것은 무엇보다도 보통주의 소유자들인 것이다. 그 이유는 부분적으로는 다음과 같은 사실에 기인한다. 우선주에는 명시된 비율의 배당금이 돌아가도록 되어 있다. 따라서 여기저기 흩어져 있어서 어차피 집단을 형성할 수 없는 주식 구매자들로서는 보통주보다는 우선주를 더 많이 구매하게 되는 것이다. 따라서 또 이러한 (실제적) 측면에서 보자면 우선주는 회사채에 해당하는 셈이다. 이렇게 우선주가 현실적으로 회사채로서 갖는 성격은 배당금 비율을 명시해놓은 것에서 볼 수 있으며, 그것이 '누적적' 성격까지 가질 경우엔 더욱더 보통의 회사채들과 닮은 것이 되어버린다.[57] 사실 그 현실적 결과로 보자면 우선주는 보통의 담보 채권보다 더욱 두드러진 신용의 도구인 것이 보통이다. 이 우선주는 계약 조건 자체로 볼 때 현실적으로 회수가 불가능한 부채라고 할 수 있다. 우선주란 계약 조건상 그것을 소유한 이가 그것을 발행한 주식회사에 영구적인 신용 연장을 주는 셈이 되는 것이다. 이런 점에서 볼 때, 우선주는 그것이 대표하는 재산에 대한 통제권을 양도함에 있어서 보통의 채권이나 담보 대부 등보다 훨씬 효과적인 것이다. 이러한 고안 장치는 보통의 신용적 도구들을 활용하는 경우와 동일한 효과를 가진 것으로서, 주식회사 자본 전체의 경영에 대한 재량권을 보통주—이는 그 주식회사의 굿윌을 대표하는 것으로 여겨진다—의 소유자들에게 넘겨주게 된다. 따라서 이런 의미에서 볼 때 현대 주식회사 자본화의 핵심은 보통주의 기초가 되는 비물질적 재화인 것이다.[58]

이러한 자본화 방식으로 인하여 산업 장비의 경영과 소유 사이에 상당히 전반적인 분리가 생긴다. 거칠게 말하자면, 주식회사 조직에 있어서 산업 물자의 소유자들은 그 경영에 대해 발언권을 갖지 못하며, 우선주가 자본 구성에서 많은 양을 차지하는 주식회사의 경우에는 산업 물자에 대한 통제권이 그 우선주의 양만큼 돌이킬 수 없게 양도되어버린다. 현실적으로 우선주란 그것으로 대표되는 재산을 보통주의 소유자들에게 영구적으로 신탁하는 도구로서, 그 수탁인이 되는 보통주의 주주들은 그 재산의 운영에 있어서 몇 가지 한정을 빼면 신탁을 행한 우선주 주주들에게 아무런 책임을 지지 않는다고 할 수 있다. 이 지점에서 재산과 그 재산 소유자들의 소유관계가 극도로 미약해지는 것이다. 대부분의 영리 활동의 목적에 있어서, 여타 형태의 회사채로 대표되는 자본 또한 이 우선주로 대표되는 자본과 똑같은 위치에 서게 된다는 점 또한 덧붙여두어야 하겠다.[59]

주식회사의 자본을 이러한 방식으로 대표하는 각종 유가증권들은 그 성격과 종류는 다양해도 모두 시장에서 시세를 매길 수 있는 것이며 또 시장의 상황에 따라 그 시세도 등락을 겪게 된다. 그리하여 다음과 같은 일이 벌어지게 된다. 주식회사 자본 총 가치의 유효한 크기는 시장의 분위기, 그 회사의 경영을 위탁받은 사업가들의 이런저런 책략, 평화와 전쟁과 같이 시기와 확률에 좌우되는 우연적 요소들로 오르락내리락하게 되어 있다. 따라서 어떤 기업의 영리적 자본의 크기 또는 기업 세계 전체의 영리적 자본의 크기 전체는 앞

장에서 대부 신용을 살펴볼 때 이야기된 것처럼, 산업 활동의 여러 기계와 관련된 사실 관계와는 일정 정도 무관하게 변하는 것이며 그 무관한 정도의 크기도 상당하다.[60] 시장에서 자본의 양에 대한 시장의 평가는 투자자들 사이의 다양한 정도의 신뢰, 통제력을 행사하는 재계 인사들이 어떤 정책과 전술을 취할지에 대한 세간의 추측, 또 정치가 집단이 어떤 전술을 취하고 어떤 전환을 가져올지에 대한 예측, 그리고 도저히 확실히 알 수 없고 그저 본능적으로 예감할 수밖에 없는 대중들의 정서와 의견의 변동 따위에 의해 계속 오르내리게 된다. 그 결과 현대적 조건하에서는 영리 자본의 크기와 그 매일매일의 변동은 물질적 사실의 문제라기보다 아주 큰 정도로 대중 심리학의 문제가 되는 것이다.

하지만 이렇게 영리 자본과 물질적 장비의 관계가 불확실하게 계속 변동하지만 그래도 상당히 확실하게 규정할 수 있는 한두 가지의 지점들이 있다. 대부 신용에 대한 앞 장의 논의에서 말한 바 있지만 현대적인 자본화 과정에 포함되는 신용 기구들은 그것을 담보로 삼아서 더 많은 신용 확장을 가져오도록 쓰일 수 있기 때문에,[61] 일정 시점에서의 명목 자본의 총액은 그 자본화에 들어가는 여러 물질적 재산들의 가치 총계를 아주 상당한 크기로 초과하는 것이 정상이다.[62] 또 동시에 이러한 여러 물질적 재산들의 시장 가치는 주식회사 자본화의 기초를 마련해주는 신용 융통의 장치가 있음으로 하

여 더욱 커지게 되는 것이다.[63]

독일의 경제학 저작들을 통해 독자 여러분은 '신용 경제', '화폐 경제Geldwirtschaft', '자연 경제Naturalwirtschaft'와 같은 용어들에 익숙하게 되었을 것이다.[64] 여기에서 근대 후기의 경제생활을 보여주는 틀의 특징은 '신용 경제'로 포착된다. 근대 초기의 경제생활을 그 이전의 서유럽 문화에서 행해진 자연 경제(현물의 분배)와 구별시키는 특징을 포착하는 용어로서 '화폐 경제'라는 말이 쓰이거니와, 이는 도처에서 시장이 재화 공급의 원천이자 또 여러 생산물의 배출구로 활용되는 상태를 일컫는 말이다. 근대 초기에 들어서게 되면 영리 활동과 산업 활동의 이해가 모두 각종 재화 시장의 방향으로 전환하게 된다. 그리고 오늘날 통용되고 있는 정치경제학의 여러 교조들이 바로 이러한 근대 초기의 산업 생활에 적합하도록 마련된 것이었다는 사실은 이미 다룬 바 있다.[65]

신용 경제란 바로 얼마 전의 과거에서 시작되어 현재까지 이루어지고 있는 경제생활의 틀이거니와, 이는 화폐 경제를 넘어서서 그것과 구별되는 단계로 발전을 이루었다. 물론 각종 재화 시장은 오늘날도 절대적 크기에서 볼 때 여느 때와 마찬가지로 강력한 경제적 요소이지만, 영리 활동 및 산업 활동의 교역에 있어서 한때 그것이 차지했던 지배적 요소로서의 지위를 이제 다른 것에 물려주게 된 것이다. 이 점에 있어서 최고의 자리를 차지하게 된 것은 자본 시장이다. 자본 시장이야말로 더 높은 단계의 '신용 경제' 그 자체를 형성하며 또 그 본질을 이루는 현대적 경제생활의 특징인 것이다. 이러한 신용 경제에서 축적된 화폐 가치의 배출구의 기능과 자본 조달의 원천의 기능은 이 자본 시장에 의존하게 된다.[66]

옛날 체제에서의 거래는 여러 재화의 교역이었다. 반면, 새로운 체제에서는 자본의 거래라는 것이 지배적이고도 본질적인 특징으로 첨가되었다. 자본 시장에도 재화 시장이나 마찬가지로 시장에 의지하여 자기 소유물을 처분하거나 필요물을 조달하는 구매자, 판매자와 더불어 그 거래의 중개를 전문으로 삼는 상인들이 있기 마련이다. 그리고 이 영리 활동에 종사하는 상인들이 추구하는 목적이라는 측면에서 보면 재화 시장이나 자본 시장이나 매일반이다. 상인들은 판매할 목적으로 구매하고 구매할 목적으로 판매하는 이들로서, 지불한 가격과 지불받은 가격의 유리한 차액에서 얻는 금전적 이득을 목적으로 하는 이들이니까. 그런데 필요를 조달하기 위해 시장에 나오는 이들의 목적이라는 점에서 보면 두 시장 사이에 차이가 있다. 재화 시장의 경우 재화를 최종적으로 구매하는 이의 목적은 그것을 소비하는 것이다. 하지만 자본 시장에서 최종적으로 협상을 벌이는 자가 자본을 구매하는 것은 장래에 이윤을 얻기 위해서이다. 즉, 내용상으로 보자면 그는 나중에 또다시 팔기 위해서 자본을 미리 사두는 것이다. 그렇게 미리 사두고자 하는 그의 계획은 그가 협상하는 자본이 앞으로 가져올 수익의 전망에 근거를 두고 있다. 그가 이 거래에서 바라보는 궁극적인 목적은 자신이 협상하여 얻어낸 것들의 가치를 더 큰 화폐 가치로 전환하는 것이다—그리고 이 거래의 개시점과 종착점 사이에 생산 과정 등과 같은 것이 끼어들게 된다.[67]

그러므로 일정한 덩어리의 자본의 가치란 그것의 수익 창출 능력에 의해 결정된다. 즉, 수학적 표현으로 말하자면, 자본의 가치란 그 수익 창출 능력의 함수이지,[68] 그 매입 가격 기초 원가라든가 그것의 기계로서의 효율성 따위의 함수가 아니다. 이런 요인들도 당연히 자본의 가치에 영향을 미치지만, 이는 인과 관계가 먼, 오직 수익 창출 능력이라는 것을 매개로 해서만 벌어지는 일이다. 그리고 이러한 자본의 수익 창출 능력이라는 것도 자본 시장에서 가치가 매겨져 매매되는 항목들이 갖는 기계로서의 효율성에 의해 결정된다기보다는 그 생산물이 매매되는 재화 시장에서의 긴장과 압력에 의해 결정된다. 이와 비슷한 맥락에서 이미 사용했던 표현을 다시 쓴다면, 자본의 수익 창출 능력이란 무엇보다도 시장에 매물로 내놓아 어떻게 판매한다는 목적에 얼마만큼이나 부응하는가와 관계되어 있으며, 그 물질적 차원의 효용이라는 측면에서의 효과와는 거리가 한 촌수 멀리 떨어져 있는 것이다. 이러한 방식으로 시장에 매물로 나온 자본의 가치를 매김에 있어서 그 수익 창출 능력의 가치 평가(즉 그 기업 증권

이 갖는 시장 가치 총액market capitalization의 가치 평가)의 근거
가 되는 것은 그 과거의 수익 창출 능력도 아니요, 또 현재의
실제 수익 창출 능력도 아니요, 오로지 그 미래의 예상 수익
창출 능력인 것이다.[69] 그 결과 자본 시장에서 어느 기업의
자본 가치의 등락—그 기업 증권의 가치 등락—은 한결같
이 미래에 벌어질 사건들에 대한 상상이라는 쪽을 지향하고
있다. 그 예측이란 경우에 따라서 그 신통력이 덜할 수도 있
고 더할 수도 있지만, 어찌 되었든 그 예측의 근거라는 것들
은 본성적으로 결코 과거에 나왔던 여러 결과들의 계산에 기
초한 것은 아니다. 이런 방식으로 시장에 나온 자본이란 모
두 그 예상 수익 창출 능력에 기초하여 끊임없는 가치 평가
와 재평가 과정—자본화와 재자본화recapitalization—에 들어
가지 않을 수 없으며, 그 속에서 결국 다양한 정도의 무형 자
산의 성격을 부여받게 된다. 하지만 이렇게 시장에서 매매되
는 자본을 구성하는 항목 가운데에서 가장 성격이 애매하고
무형성이 강한 것은 물론 자본화된 굿윌을 구성하는 항목들
이다. 이런 항목들은 시작부터 끝까지 무형의 재화이기 때문
이다. 수익 창출 능력에 대한 예측에 가장 직접적으로 반영
되는 것이 바로 이러한 자본의 굿윌 요소로서, 시장에서 가
장 폭넓게 마음껏 변하는 요소도 바로 이것이다. 판매와 양
도가 가능한 굿윌 요소를 자본화한 가치는 비교적 변화의 폭
이 크고 불안정하며, 이는 보통주의 시세 변화에서 잘 나타

나는 바이다.

따라서 자본 시장에서 거래되는 상품이란 결국 매매되고 있는 유가 증권들이 대표하는 소유 재산이 어떠한 수익 창출 능력을 가지고 있는가를 어림짐작으로 추측하여 그것을 자본화한 것이 된다. 이러한 소유 재산은 유형적인 부분도 있고 무형적인 부분도 있지만, 이 두 범주를 명확히 구별하는 것은 거의 불가능하다. 매매되는 모든 항목들은 일단 화폐 가치로서 표준화되고 판매 가능하도록 편의를 위해 가상적인 여러 몫share, 즉 주식으로 다시 분할된 형태가 된 뒤에야 시장에 나오게 되기 때문이며, 이를 통해 자본 시장에서의 거래는 크게 촉진된다. 이러한 그 기업 시장 가치 총액의 기초이자 매매 가능한 자본의 거래에 준거가 되는 것이 수익 창출 능력이지만, 이는 어디까지나 어림짐작으로 평가된 수익 창출 능력이다. 그렇기 때문에 어떤 한 덩어리의 자본이 갖는 수익 창출 능력을 놓고 외부의 투자자들이 추측으로 짐작하는 바는 그 기업의 경영자들이 알고 있는 실제 수익 창출 능력과 크게 차이가 날 수 있다. 경영자들은 이렇게 수익 창출 능력의 실제와 그 추측 사이에 불일치가 생겨난다는 사실을 아주 손쉽게 자신의 이익으로 바꿀 수 있다.[70] 이를테면 일정한 종목의 증권들로 대표되는 자본의 수익 창출 능력에 대한 외부의 추측이 그 기업의 경영자가 알고 있는 실제의 수익 창출 능력을 크게 넘어서도록 상승하는 경우, 경영자는 자기 회사의 주식을 매각하거나 심지어 공매도空賣渡까지 일삼아 이득을 취할 수 있기 때문이다.[71] 물론 그 반대의 경우 경영자들은 주식을 사들이려 할 것이다. 게다가 수익 창출 능력에 대한 이러한 외부의 추측이란 앞으로의 수익 전망 등과 같은 것들에 관한 여러 추측을 통해 나오는 결과물인지라 이러한 추측은 사람마다 제각각이기 마련이다. 이들은 모두 재화 시장의 미래 전망과 기업 정책에 대한 자신의 지식에 근거하여 그러한 판단을 하게 되는데, 그러한 지식이란 불완전하고 대부분 억측에 근거한 것이기 때문이다. 따라서 유가 증권의 매수 매입이 자주 벌어지면서 임자를 바꾸게 되는 이유는 외부의 투자자들 사이에서 그 평가와 전망이 들쭉날쭉하기 때문이며, 또 그 외부자들이 가진 정보가 내부자들의 정보와 다르기 때문이다. 그 결과 어떤 산업적 주식회사의 경영권을 장악하는 데에 필요한 일정한 크기의 자본은 아주 빈번하게 그 주인이 바뀌게 되며, 그 빈도는 완숙하게 발전된 주식회사적 금융 기법이 산업적 영리 활동의 영역을 지배하게 되기 이전보다 훨씬 더 높아지는 것이다.[72]

한 걸음 나아가 시장에 상장된 산업적 주식회사의 경영을 맡은 자들은 이러한 상황을 이용하여 실제의 수익 창출 능력과 그에 대한 외부의 추측이 큰 차이가 나도록 아예 적극적으로 유도할 수도 있으며 또 그 목적으로 고안된 여러 수단들까지 동원하게 되는데, 이 수단들은 잘 알려져 있고 또 사

회적으로 인정도 받은 것들이다. 어떤 결정적인 국면에서 잘
못된 정보나 부분적인 정보만을 교묘하게 효과적으로 흘리
게 되면 일시적으로 이러한 종류의 불일치가 유리한 방향으
로 커지게 되며 이를 통해 경영자들은 그 기업의 증권을 팔
거나 사서 자신들의 이득을 취할 수 있게 된다.[73] 영리사업
가들은 보통 사업적 감각이 특출한 이들이다. 따라서 이들
이 기업을 경영함에 있어서 추구하는 목표는 그 기업의 장래
의 번창이나 그 자본을 산업적으로 사용하여 생산된 재화와
용역을 판매하여 이익을 남기는 것이라기보다는 이렇게 이
득이 남는 방향으로 그 기업의 자본을 구매하고 또 판매하는
것이 되기 마련이다.

즉 현대 주식회사의 경영자들의 이해는 그 주식회사가 영
속 기업으로서 갖게 되는 영구적 이해와 어긋나게 되는 것
이다. 또 그 기업이 산업을 관장하는 기업으로서 효율적으로
경영되기를 바라는 사회 전체의 이익과도 어긋나게 되는 것
이다. 사회 전체의 이해로 보자면 그 회사가 재화 또는 용역
의 산출을 가능한 한 최대로 또 최선으로 만들도록 경영되
는 것이 가장 바람직하다는 것은 더 말할 것도 없다. 또 그 주
식회사가 영속 기업으로서 갖는 장기적인 이해라는 관점에
서 보아도 그 기업이 효율성을 유지하면서 장기적으로 획득
가능한 최선의 가격으로 가급적 많은 양을 판매하는 것이 역
시 가장 바람직하다. 하지만 경영자들 그리고 한시적으로 기

업의 소유권을 갖는 자들의 이해는 그 기업을 최대한 이득이 남도록 신속하게 매입하고 매각할 수 있도록 경영하는 것에 달려 있다. 사회 전체의 이해는 산업적 효율성과 그 생산물의 효용성을 요구하며 또 회사로서의 기업의 영리적 이해는 그 생산물이 시장에서 잘 팔릴 것을 요구하지만, 그 주식회사 경영의 최종적인 재량권을 쥔 이들의 이해는 그 주식회사 자본이 시장에서 잘 팔릴 것을 요구한다. 사회 전체의 이해는 물질적 비용과 산출물의 물질적 효용의 차이를 최대한 유리하게 벌릴 것을 요구하며, 또 회사로서의 이해는 지출과 수입의 차이, 즉 비용과 생산물의 판매 가격의 차이를 최대한 유리하게 벌릴 것을 요구하지만, 주식회사 이사회의 이해는 그 회사 자본의 실제 수익 창출 능력과 그것에 대한 외부의 추측의 차이를 그 자본의 판매 혹은 구매—어느 쪽인가는 경우에 따라 다르다—에 있어서 최대한 유리하게 벌릴 것을 요구한다.

이 책의 앞 장에서 우리는 사회 전체의 산업적 필요와 주식회사의 영리적 필요가 일치하지 않게 되는 것—아예 반대 방향을 향하는 경우도 흔하다—을 피할 길이 없다고 지적했다. 물론 옛날 식의 '화폐 경제' 체제에서도 산업을 관장하는 기업들이 합명 회사나 개인 소유의 형태를 띠고 있었다. 따라서 그 여러 산업 과정을 통제하는 재량권을 쥔 이들의 산업에 대한 이해는 사회 전체의 이해와 한 단계 동떨어져 있었던 것이 사실이다. 하지만 이제 좀 더 충분히 '신용 경제'로 발달하여 주식회사 자본이 시장의 매물로까지 나오는 것이 가능한 형태의 체제로 들어가게 되면,74 산업의 여러 문제에 대해 재량권을 쥐는 이들의 이해가 자기들이 경영하는 회사의 이해와 또다시 한 단계 동떨어진 것이 되며, 결국 공동체 전체의 이해와의 거리는 한 단계가 아닌 두 단계로 멀어지게 된다.

경영자들의 영리적 이해가 요구하는 바는 결국 생산물의 효용성도 또 생산물의 판매 가능성도 아니고 자신들이 경영하는 자본의 가격을 최대한 유리한 방향으로 불일치하게 벌려놓는 것이다. 주식회사 자본이 이렇게 즉각 자본 시장의 매물로 나올 수 있다는 것으로 인하여 경영 이사회의 영리적 이해는 그 이사회가 경영하는 주식회사의 영리적 이해와 큰 거리를 가지게 되며, 이사회는 자신의 노력의 방향을 그 기업의 영구적 효율성을 올리는 쪽이 아니라 그 수익 창출 능력에 대한 외부의 추측을 실제와 어긋나게 만드는 쪽을 중심으로 잡게 된다. 이들이 그 기업과 맺는 관계란 본질적으로 일시적인 것에 불과하다. 그 관계는 그들의 개인적 재산의 이해로 볼 때 관계를 끊는 게 유리하다는 판단이 설 때에는 언제든지 신속하게 소리소문 없이 끝내버리는 관계에 불과하다. 그 예는 무수히 많지만 특히 철도 회사의 경영에서 많이 나타난다. 여기에서는 회사의 영리적 이해와 일시적으로 그 회사의 경영을 맡은 자들의 사적인 영리적 이해의 상충이 아주 볼 만한 정도로까지 벌어져서, 두 종류의 이해가 방식과 정도에 있어서 불가분으로 얽혀 있었던 옛날 체제에서는 상상조차 할 수 없던 일들이 생겨난 것이다. 그렇게 사적인 목적을 위해 기업 경영을 좌지우지하는 사례들이 철도업에서 더욱 빈번하고도 충격적으로 일어난다는 사실도 중요하지만, 현대의 주식회사적 금융의 여러 방법과 발명품들이 바로 이 철도업에서 최초로 또 가장 광범위하게 고안되었다는 점 또한 의미심장한 일이다. 이는 주식회사적 금융이라는 방법이 고유한 '산업 기업들'의 영역에서 더욱 철저하게 뿌리박게 될 경우 어떤 일들이 벌어질 것으로 예측할 수 있는지에 대해 중요한 시사점을 준다. 물론 이러한 수법의 성숙함과 교묘함에 있어서는 철도업의 금융 행위의 사례들이 최고이지만, 사실 이 '산업 기업들'의 영역에서도 그에 견줄 만한 사례들이 없는 것이 결코 아니니까.75

  산업적 주식회사의 경영을 맡고 있는 이들이 주식 시장에 대해서 갖는 이해는 광범위하고도 무수히 많은 측면을 갖고 있다. 이는 자기가 경영하고 있는 여러 재산들을 이득이 남도록 판매하고 구매하는 것에만 제한되는 것이 아니다. 이들은 또 여러 기업들을 합쳐 합병체를 만드는 다양한 움직임들을 만들어내거나 그것을 망쳐놓는 일에도 이해관계를 가지는바, 이러한 더 궁극적인 목표에 합당한 일정 종목의 유가 증권들에 대한 통제권을 얻기 위해 그것을 사고팔게 되기 마련이며, 그 과정에서 그 유가 증권들을 '조작manipulate'하는 책임도 이들이 맡고 있는 것이다.[76] 따라서 이러한 종류의 사업 거래는 죄악스러운 외양을 띠게 되기 쉬우며 그렇기 때문에 그것을 피하려고 여러 겉치장에 분주하게 되는 것이 하나의 관습이 되었다―때로는 그 바람에 도리어 그 죄악스러운 외양을 자초하게 되는 수도 있지만. 그 결과 이들이 지도력을 가지고 있는 한 산업의 여러 사안들은, 마치 사업이 아주 잘 번창하고 있는 것처럼 혹은 아주 큰 어려움을 겪고 있는 것처럼―둘 중 어느 쪽인가는 상황에 따라 유리한 쪽으로 결정된다―사람들이 속아 넘어가도록 겉모습을 짐짓 꾸며내려는 데 따라서 방향이 크게 좌우된다. 어떤 상황에서는 사업이 아주 어려운 것처럼 보이게 만들어 유리하게 만드는 것이 통제권을 쥔 자들의 목적이 될 수가 있다. 업계의 지배자captain of industry가 자신이 경영하는 기업의 부가 아닌 자기 개인의 부를 어떻게 불릴 것인가라는 필요에서 본다면, 이따금은 산업의 여러 문제들이 잘못 경영되고 있는 것 같은 겉모습―물론 실제로는 아니지만―을 꾸며내는 것이 최상의 선택일 수 있다. 이렇게 그 기업이 정말로 몰락하거나 아예 풍비박산이 날 것 같은 겉모습에 사람들이 확신을 가지게 되면 그 기업의 수익 창출 능력에 대한 외부의 추측이 그 실제의 능력보다 아래로 떨어지게 될 것이며, 따라서 기업은 미래에 다시 주가가 오를 때의 차액을 얻기 위해서 혹은 전략적 통제권을 장악하기 위해서 그 기업의 자본을 훨씬 싼 값으로 사들일 기회를 얻게 된다. 진짜 경영 실패가 아니라 이러한 결과를 얻기 위해 행해지는 또 다른 수법들도 다양하게 있으며 이 방면의 기술로서 잘 알려져 있다. 물론 이렇게까지 영웅적인 행동을 선보이지 않더라도 일정 종목의 유가증권들이 일시적으로 하락할 수도 있다. 하지만 여기서 중요한 문제는 이러한 주식회사적 금융 체제 아래에서는 주식회사의 경영의 상당 부분에서 그 회사를 경영하는 목표가 그 영속 기업의 안녕이 아닌 그 경영자 개인의 이해가 될 수 있다는 사실이다.

시간 간격이 확정되지 않은 채 신용을 연장하는 것에 대해 앞에서 했던 이야기를 표현만 조금 바꾸면 이러한 종류의 영리 활동에도 그대로 적용된다.[77] 이렇게 자본이 매물로 나올 수 있다는 것이 일반적인 가능성이 되고 그것을 조작하는 것이 가능할 정도로 고차적으로 발전된 주식회사적 금융 체제에서는 앞에서 이야기했던 자본회전율turnover의 시간 간격이라는 요인이 불확정성을 가지게 된다. 영리 활동에서 오는 이득과 거기에 소요된 시간 사이의 관계는 불확실하고 변동이 심한 것이 되어버리며 단위 시간당 몇 퍼센트라는 식으로 정확하게 계산할 수가 없게 된다. 따라서 이러한 고차적인 기업 경영에서는 정확하게 말해서 확정적인 통상수익률

따위가 존재하지 않는다. 이러한 증권 가격 조작 사업에 들어간 것으로 뚜렷하게 식별 가능한 자본, 즉 특별히 주식회사 자본의 매매 활동에서의 거래에 들어가는 것들로서 가치를 매길 수 있는 항목들은 그 조작에 임하는 자가 보유한 굿월과 금융적 자금 동원 능력으로 이루어진다. 이렇게 대규모의 자금 동원 능력이라는 것이 이러한 종류의 거래를 수행하는 데에 필수 요건이 된다. 하지만 그렇게 큰 자금 동원 능력을 갖는 데에 있어서 담보물을 기초로 한 실제의 신용 확대란 그 의미가 부분적인 것일 뿐이다. 정말로 중요한 것은 조작의 작업을 수행하는 자가 얼마나 큰 자금 동원 능력을 가지고 있는가인데, 그러한 자금 동원 능력을 가지고 있으면 신용 확대는 자연스럽게 얻을 수 있게 되지만 또 한편 이러한 종류의 신용 확대에 노골적으로 의지하는 것이 큰 의미를 가질 수 없게 된다. 따라서 이러한 종류의 거래에서 작동하는 자본이란 그 성격을 화폐적으로 파악하기가 아주 어려우며, 자본을 이렇게 사용하는 경우에는 시간이라는 요소 또한 결정하기가 어려워지며, 그 시간 요소라는 것을 지금 이 경우에 논하는 것이 적절한지조차 애매하다.

좀 더 자세히 보도록 하자. 이러한 방법으로 이득을 추구하는 사업가는 보통의 경우 거대한 양의 재산을 소유하고 있어야만 한다. 이것이 이러한 종류의 영리 활동에 필수적인 자금 동원 능력의 기초가 되는 것이니까. 그러한 그의 소유물은 보통 증권의 형태를 취하고 있으며, 그 증권은 그가 거래하고자 하는 매물로 나온 기업의 자본의 증권일 수도 있고 또 그 밖의 다른 주식회사들의 증권일 수도 있다. 그런데 이러한 각종 증권들은 그것을 발행한 기업의 일상적 영업에서 이미 사용되고 있는 유형 및 무형의 자본에 기초를 두고 있으며, 따라서 이미 최대한으로 사용되고 있고 또 앞으로 그 기업의 보통의 수익률을 가져다줄 것으로 예측되는 것이다. 하지만 이러한 자본에 대한 소유권을 가진 이는 그 소유권으로 말미암아 또 새로운 자금 동원 능력을 가지게 되며, 그 자금 동원 능력 덕분에 이들은 굳이 자기 소유의 증권으로 이미 박아놓은 투자의 이익을 포기해가며 상당 부분을 현금으로 회수하지 않고도 매물로 나온 여러 주식회사 자본의 거래를 수행할 수 있게 된다. 다시 말하자면, 현대적 조건에서는 투자자가 자신 소유의 증권을 자본을 매매하는 거래에 또 한 번 이중적으로 활용할 수 있게 된다는 것이다. 하지만 이렇게 동일한 투자를 이중적으로 활용할 때에 그 본래의 투자와 이차적 활용 사이에는 정확하게 정해진 어떤 관계도 없으며 또 그 자본이 본래 투자된 주식회사의 일상적 영업 수행에서 정상적으로 사용되는 것에 어떤 구체적인 교란이 벌어지지도 않는다. 그러므로 일상적 영업 활동에 사용되고 있는 자본이든 또 그 자본 덕에 더 고차적인 사업 거래를 목적으로 얻을 수 있는 잠재적 신용 확대 능력이든 모두 각별할 정도로 무형적 성격을 띠게 되며, 그 양의 크기라는 면에서 보면 지극히 파악하기가 어려운 것이다.

이는 이 거래에 들어가는 굿윌이라는 것에도 상당 부분 적용되는 이야기이다. 그 사업가의 자금 동원 능력의 기초가 되는 주식회사의 일상적 영업 활동 목적에 이미 복무하고 있는 굿윌도 마찬가지이다. 그 결과 여기에서 이미 쓰이고 있는 굿윌 또한 이 고차적인 사업 거래에서 이차적인 용도로 쓰이고 있는 셈이다. 이렇게 이미 들어간 투자는 또 이차적인 방식으로 새롭게 실현되어 사업가들에게 더 큰 이윤을 남겨주고 있으며, 이러한 영리적 경제 활동은 지금 거대한 규모를 가지고 있다. 하지만 영리 활동 세계 전체의 자본화 가능한 힘이 이러한 방식으로 막대하게 늘어난다고 해도 우리의 논의에서 그것을 자세히 논할 필요는 없을 것이다.

이렇게 매물로 나온 자본의 거래는 확실한 통상적 수익률도 없을뿐더러 부의 창출에 들어가는 요소들의 성격도 이처럼 종잡을 수 없이 춤을 추는 것인지라 경제학자들은 이를 '투기적' 영업이라고 부르지 않을 수 없게 된다.[78] 물론 외부자들이 그저 가격의 상승과 하락만을 보고 뛰어들어 주식을 사고파는 것은 투기적 영업의 전형적 형태라고 할 수 있다. 하지만 어떤 주식회사의 경영자들 스스로가 그 회사의 주식을 사고팔면서, 게다가 특히 그를 통해 자기들의 개인적인 전술적 목적으로 그 주식회사의 통제와 경영을 활용하는 영리 활동을 놓고 단순히 '투기적'이라고 성격 짓는 것은 불충분한 것이고 논점을 비껴간 것이라 아니할 수 없다. 이렇게 높은 차원의 주식회사적 금융 행위라는 것은 여느 산업적 주식회사의 일상적 영업 경영에 속하는 활동보다 딱히 더 크게 투기적 성격을 갖는다고 말할 수도 없는 것이다. 시장과 관련을 맺고 거기에 생산물을 내다 파는 것에 의존하는 모든 영리 기업은 정도의 차이만 있을 뿐 그 결과가 언제나 불확실할 수밖에 없다.[79] 이러한 의미에서 산업적 영리 활동도 상업적 영리 활동이나 마찬가지로 일종의 투기적 성격을 지닌다고 하겠다. 하지만 그렇다고 해서 산업적 기업과 주식회사적 금융 활동을 한 묶음으로 싸잡아 '투기적 영업'이라고 설명하면서 마치 이것이 가장 두드러진 중요한 성격이나 되는 듯 다루는 것은 별 의미가 없다. 이러한 종류의 영업 활동들에 있어서 어떤 투기적 위험이 따른다고 해도 이는 부수적인 것일 뿐이며, 그 투기적 위험 때문에 이러한 목적을 추구하는 유인이 생겨나는 것도 아니며, 그러한 영업 활동이 경제 문제와 맺는 관계의 범위가 투기 행위에만 제한되는 것도 아니다. 이렇게 매물로 나온 자본을 다루는 거래는 비록 그 규모는 더 클지 몰라도, 거기에서의 투기적 위험이라는 것을 거기 따라오는 이익의 크기와 견주어본다면 생산물을 판매하는 종류의 일상적 영업 거래에 비해 더 위험이 크다고 할 수도 없는 것이다. 이 양쪽 경우 모두에 물론 투기적 성격이 있지만 두 경우 모두 이는 부수적 문제에 불과하다. 게다가 이득의 확실성―이득의 상대적 양에 대한 확실성은 아마 아닐지라도―이라는 점에서만 보면 오히려 생산물 판매를 목적으로 삼는 기업 경영보다는 자본을 매물로 내놓고 그것을 대규모로 조작하는 쪽이 좀 더 확실해 보인다는 것이 이 불투명한 문제에 대해서 그나마 어느 정도 확신할 수 있는 의견으로서 말할 수 있는 바이다.

문제를 모호하게 하는 것은 오히려 다음과 같은 사실이다. 즉, 이렇게 자본을 매물로 하여 이루어지는 거래에 조작이 개입되면서 산업에 종사하는 영리 기업들―그 거래되는 자본의 주식회사는 물론 다른 회사들까지도―이 더 큰 위험을 떠안게 되는 것이 보통이라는 사실이다. 이렇게 매물로 나온 자본을 둘러싼 금융적 거래가 벌어지게 되면, 그 증권이 거래되고 있는 해당 주식회사는 물론이고 그와 경쟁 관계에 있는 회사나 연관 산업에 있는 회사들의 일상적 영업조차도 그런 것이 없을 경우보다 더욱 위태로워지는 것이다. 그러한 조작 활동에는 위험이 따르기 마련인데, 이 위험은 그 조작 당사자들에게 돌아간다기보다는 자기 재산을 조작의 대상으로 내놓는 그 해당 주식회사에 돌아간다. 거래되고 있는 주식회사의 재산에서 조작자들이 소유하고 있는 비율은 비교적 작은 것이 보통이라서 그 조작 활동으로 영향을 받는 부분도 작으며, 따라서 그 거래로 생겨나는 위험이 주로 떨어지는 대상도 이들이 아니다. 덧붙여 이 전체 문제에서 으뜸의 중요성을 갖는 문제가 있다. 이 조작자들은 자기들이 만들어내는 위험의 성격, 크기, 확률 등을 상당 부분 예측할 수 있는 유리한 위치에 있다는 것이다. 말할 것도 없이 이 말을 제대로 해석하면 자본을 매물로 내놓고 거래함에 따라 늘어나게 된 투기적 위험이 그 자본 거래 자체에 떨어지는 것이 아니라 재화를 생산하여 시장에 판매하는 활동에 골몰하고 있는 그 영리 기업의 일상 활동 위로 떨어지게 된다는 뜻이 된다. 자본을 매물로 내놓고 벌이는 거래에도 투기적 위험이 따르지 않는 것은 아니지만, 그렇게 해서 생겨난 위험의 상대적으로 더 큰 비중이 그 거래에 직접 관련되지 않은 사업가들에게 떨어지게 되는 것이다. 참으로 이러한 종류의 거래는 너무나 확실하고도 큰 이윤이 남는 것이어서 오늘날의 대자산가들은 직간접적으로 이렇게 자본을 매물로 내놓는 거래에서 생긴 이득으로 자신의 재산을 축적하고 있다. 그리고 이러한 축적의 크기와 비율은, 절대적 크기로 보건 전체 부의 증가에서 차지하는 몫이라는 상대적 크기로 보건, 지금까지 역사에 기록된 그 어떤 종류의 축적 현상도 단연코 능가하는 것이다. 인류 문화의 전 역사에 걸쳐서 사적 재산을 축적하는 데에 이렇게 효과적인 방법은 알려진 바가 없는 것이다.

여기서 말한 매물로 나온 자본을 '조작'하는 행동에서 그 실질적 의미이자 목적이 되는 것은 문제의 재산들을 계속 반복해서 재자본화하는 것이며, 이렇게 되면 거래되고 있는 주식회사 증권의 실질적 자본화는 때에 따라 늘어났다가 줄어들었다가 하게 된다. 이러한 실질적 자본화의 증감 혹은 맥동脈動을 보여주는 것이 앞에서 말한 대로[80] 그 증권의 시가時價이다. 바로 이러한 자본화 가치의 변동으로부터 자본 거래에서의 이득이 생겨나는 것이며, 또 바로 이것을 수단으로 삼아서 고차적인 금융에 종사하는 사업가들이 여러 주식회사의 부를 맘대로 통제하고 또 전략적 목표에 따라 영리 기업들을 합치고 재조직하는 활동을 실현할 수 있게 되는 것이다. 그래서 이렇게 자본을 매물로 내놓고 벌어지는 거래는 현대적인 영리 활동과 산업 활동의 상황에 있어서 중심적이고도 지배적인 요소가 된다.[81] 앞에서 이러한 고차적인 주식회사적 금융 활동이 진행되는 기초가 되는 자본은 주로 두 가지 요소로 구성되어 있음을 보았다. 사업에 임하는 이들의 자금 동원 능력(그리고 그 결과로 생겨나는 잠재적 신용)과 그들의 '굿윌'이 그것이었다. 이 두 요소는 모두 성격이 상당히 무형적이며 파악하기 힘든 것들이다. 또 그 기초가 되는 요소들은 이미 영리 기업의 활동 어딘가에서 쓰이고 있는 것들이며, 굿윌이 그것들에 의존하는 방식도 상당히 간접적이고 이런저런 꼼수를 동원하는 방식인 것이다. 문제의 자금 동원 능력이라는 것도 대체로 그 금융가가 소유하고 있는 해당 주식회사의 자본에 의존하고 있는데, 그 주식회사의 자본화된 가치 또한 그 자본을 매물로 내놓은 거래의 성쇠에 따라 부침을 겪게 되기 마련이다. 따라서 이 또한 필연적으로 결정이 불가능하고 상당히 불안정한 크기가 될 수밖에 없다. 여기에 덧붙는 것이 이 사업가들이 재량으로 당겨 쓸 수 있는 '유동적 자본floating capital'과 은행 자본이다. 영리 활동의 상식을 따른다면 이러한 굿윌 또한 자산에 포함시키는 것이 마땅하다. 결국 이 거래에 관련된 금융가들 그리고 그들과 연계된 금융 회사들이 갖는 거대한 고액의 굿윌이 한 덩어리가 되어 또한 이 거래와 엮이게 되는 것이다.[82] 이 거래가 목적하는 바로 볼 때, 이러한 굿윌과 자금 동원 능력 또한 자본이며, 이 굿윌과 자금 동원 능력은 그 자본으로서의 유효성의 측면에서 볼 때 산업적 영리 활동에 종사하는 여느 주식회사의 자본화에 포함된 굿윌 및 유가 증권과 아무 차이가 없다.

하지만 이 특별한 범주의 굿윌은 공식적으로 자본화된 적이 없다. 이러한 굿윌을 일정한 기금의 형태로 환원하는 방법에 여러 독특한 어려움이 따를 수 있다. 즉, 법인의 형태를 띤 산업적 영리 기업들의 굿윌을 그렇게 하는 것처럼 이 또한 표준적 단위로써 표현하여 일정한 시세를 갖는 보통주로 바꾸는 일이 쉬울 수 없는 것이다. 또 여기에 들어가는 자금 동원 능력—발기인들과 금융가들의 잠재적 신용 혹은 신용 동원 능력—이라는 것도 마찬가지로 자본화하는 데에 여러 어려움이 따르기 마련이다. 아마 이 자금 동원 능력 또한 굿월의 한 요소로서 다루는 것이 가장 좋은 방법일 것이다. 좀더 유형적인 형태를 띤 관념으로는 어떤 것으로도 이를 다루기 힘들기 때문이다. 이런 것들은 영리 기업에 있어서 대단히 효율적인 요인들이지만 불안정한 것들이기 때문에 표준화하여 일정한 크기의 자금으로 자본화하기 어려울 수 있다. 하지만 현대의 산업적 주식회사들에서 이러한 굿월과 신용 확대 능력이 성공적으로 자본화되었던 경우들에 비추어보면, 절박한 필요에 의해 이 독특한 영리적 부의 요소들을 공식적으로 자본화하는 것이 절실해질 때—다시 말해서 자본의 매매가 성사되면 큰 이익이 남을 것임이 분명해질 경우—에는 이러한 어려움도 극복하지 못할 이유가 없다고 주장할 수 있다. 예를 들어 제이피모건J. P. Morgan and Co.과 같은 회사가 이러한 종류의 영리사업을 위한 목적으로 보유하고 있는 굿월과 거대한 자금 동원 능력은 지극히 값진 실질적 자산이며, 그 회사의 수뇌가 개인적으로 가지고 있는 굿월도 그렇다는 점은 더욱더 명확하다. 이러한 무형 자산, 즉비물질적 재화는 아주 일관된 방식으로 표준적인 단위로 환산되어 일정한 크기의 기금으로 계산되고 보통주로서 발행되어야 하며, 그리하여 그 나라 전체의 자본화된 부의 통계적 총계에 가산되어야 마땅하다.

이러한 대조직가가 보유하는 굿월이 상당 부분 유에스스

틸U. S. Steel 주식회사 보통주에 자본화된 형식으로 반영되어 있으며, 또 그보다 나중에 합병을 이룬 거대한 기업 집단 중 몇몇의 경우도 그러하다고 해도 과언이 아니다. 카네기Andrew Carnegie 씨와 그의 부하들이 갖는 '굿윌'도 철강 산업과 관련된 다른 많은 대사업가들의 굿윌과 마찬가지로 유에스스틸이라는 거대한 주식회사의 자본화 가치를 부풀리는 데에 일조하고 있다는 것 또한 의심의 여지가 없다. 그런데 이러한 높은 수준의 영리사업에서 굿윌은 소진 불능성 inexhaustibility이라는 성격을 갖는 것이어서, 사실상 그것을 어떤 한 주식회사에서 사용하고 자본화한다고 해서 그것을 또 다른 주식회사에서 사용하고 자본화하는 것이 방해를 받거나 정도가 줄어드는 것이 아니며 또 그럴 필연성도 없다.[83] 이 경우는 (전혀 다른 성격의 문제이기는 하지만) 어떤 수공업자가 그의 유용한 일꾼으로서의 재주 혹은 예술적 능력을 특정 생산물에 체현한다고 해서 그 사람이 가진 기술의 질이 떨어지는 게 아니라는 것과 어느 정도 유비를 이룰 것이다. 이 점에서 볼 때 굿윌은 영적인spiritual 성격을 갖는 것이라고 할 수 있다. 물론 천상에서 내려다볼 때 굿윌로서 순화된 정도는 여러 굿윌마다 차이가 나겠으나, 가장 굿윌로서의 순도가 높다고 할 이러한 종류의 굿윌은 다른 영적 존재들처럼 모든 곳에 동시에 임재하는 편재성遍在性, ubiquity의 성격을 가지며, 그 성격에 힘입어 스스로를 쪼개는 일 없이 자신이 창조해낸 여러 다양한 구조들의 모든 부분부분에서 통째로 모습을 드러낼 수 있게 된다. 즉, 어떤 동일한 굿윌이 한 회사의 주식으로서 자본화된 형태를 띠게 되면 그 사실로 인해 또 다른 주식회사의 주식으로 유리하게 자본화될 수 있는 정도가 줄어들기는커녕 오히려 더욱 늘어나게 되는 것이다. 또 이러한 범주의 굿윌은 이와 관련하여 또 다른 영성체로서의 속성을 가지게 된다. 굿윌은 자신이 창조한 어떤 피조물에서 아무도 지각할 수 없고 꿰뚫어 볼 수 없는 방식으로 생명력을 철회해버릴 수 있다. 그러면 그 피조물인 주식회사는 물질적 조건에는 아무 변화가 없는 가운데에서도 그러한 무형적인 생명력의 축소를 겪지 않을 수 없게 되는 것이다.

여러 다양한 대조직가들과 그들이 거느린 금융 기관들의 굿윌—아마도 그 전부—이 그들이 창조해낸 다양한 주식회사들의 보통주로서 여러 번 중복되어 자본화되어 있다는 점은 의심의 여지가 없다. 하지만 그 금융 기관들도 주식회사이다. 따라서 이러한 굿윌도 그러한 금융 기관 스스로에 귀속되는 자산으로 볼 수 있는 것이다. 이러한 의미로 볼 때 이 비물질적 부의 항목이 공식적으로 자본화되어 시장에 주식으로서 공개되어 있는지 아니면 그 대금융가 개인 재산의 한 항목으로 포함되어 있는지는 아직 알려진 바가 없다.[84]

영리적 자본은 최근 이렇게 순도 높은 존재로 승화되는 과정을 밟아왔거니와, 이는 재산의 소유자들에게는 물론이고 산업 활동의 수행에 있어서도 심각한 결과를 가져오게 된다. 투자된 재산이 현대의 주식회사적 금융의 방식으로 경영되는 한, 그 주식회사적 금융 활동의 범위가 확장될수록 그 경영 또한 재산의 소유권과 더욱 멀게 분리될 것임이 분명하다. 경영의 재량권은 무형적 형태의 재산을 보유한 자들의 손에 넘어가게 된다. 또한 주식회사적 금융의 방법이 확장될수록 이 무형 자산의 큰 덩어리를 보유한 더 큰 대사업가들의 손으로 경영권의 중심이 넘어가게 된다는 것도 점점 현실이 된다. 주식회사적 금융이라는 방법이 쓰이고 있는 상황에서는 한 사업가의 재량적 통제권의 범위가 그 주식 보유와 정비례하지 않는다. 만약 그의 주식 보유량이 상대적으로 적다면 그에게는 사실상 아무런 재량권도 주어지지 않게 된다. 반면 만약 그 보유량이 상대적으로 크다면 그에게는 그 보유량에 비례하는 것보다 훨씬 더 큰 재량권이 주어져 그것을 자기 개인의 영리사업을 위해 맘대로 쓸 수 있게 될 것이다. 어떤 영리사업가가 갖는 재량권의 실질적 크기는 그의 주식 보유량의 제곱만큼 커지게 된다고 말할 수도 있을 것이다. 물론 이는 넌지시 암시하는 비유쯤으로 받아들일 것이지 정확한 공식은 아니다.

영리 활동의 상황을 통제한다는 목적에서 볼 때 이런 식으로 중요성을 갖는 산업적 재산의 여러 보유 항목들 가운데에서도 무형 자산(이는 보통주, 굿윌 등등으로 대표된다)이 으뜸의 중요성을 갖는다. 따라서 여기에서 두 가지의 귀결이 나온다. 첫째, 재산 소유자의 개인적 부는 대부분 무형 자산의 소유자들이라는 타인의 재량에 의해 결정된다. 둘째, 산업적 장비의 경영권은 산업적 장비를 소유한 이들의 손에 들어가는 것이 아니라 그 산업적 장비를 효율적으로 작동하는 것에는 아주 희미한 관심밖에 없는 자들의 손에 들어간다. 소유의 몫이 적은 이들 혹은 물질적 재화만을 소유한 이들의 재산은 소유의 몫이 더 많고 특히 비물질적 재화를 소유한 이들의 관리 아래로 들어간다. 그리하여 여러 물질적 산업 과정들은 관심의 중심이 그 비물질적 자산의 가치를 높이는 데에 있는 이들의 통제 아래로 들어가게 된다.[85]

권력으로서의 자본

——

‘금융화’ 시대의 베블런

1. 들어가며—정치경제학자 베블런

베블런Thorstein Veblen은 불운한 사상가이다. 그는 미국 사회과학 역사에서 가장 독창적인 사상가라는 영예롭지만 모호하기 짝이 없는 찬사를 받고 있으며, 또한 그에게 양념처럼 따라붙는 '이단아maverick', '반항아firebrand', '우상 파괴자iconoclast' 등의 수식어는 그를 포괄적이고 체계적인 이론과 사상을 갖춘 학자라기보다 무언가 독특하고 유별난 아이디어를 많이 낸 '앙큼한 앙팡테리블'쯤으로 은연중에 격하하는 효과를 낳는다. 게다가 그의 복잡한 사생활이나 여러 가지 기이한 행적 등으로 인한 화려한 스캔들이 합쳐져 일종의 '베블런 신화'가 생겨나고 그것이 그의 저작들에 대한 진지한 연구를 가로막는 일까지 벌어진 결과, 오늘날 베블런은 서양 사회사상사에 전후 맥락도 없이 의례적으로 한 페이지 들어가는 '쉬어 가는 코너'가 되어버린 감이 있다.[86] 어쩌면 이것은, 현대 자본주의 체제에 대해 근본적으로 회의를 가졌던 이 급진파 사상가를 보수적인 미국의 학계가 처리하는 하나의 방식이었는지도 모른다.

이렇게 베블런의 사상이 가지고 있는 이론적 체계가 무시되면서 가장 큰 피해를 입은 이는 아마도 '정치경제학자 베블런'일 것이다. 베블런의 현대 자본주의 분석은 기술, 산업, 금융은 물론 정치 사회적 구조와 역사적 진전 등까지 포괄하는 정교한 이론적 체계를 가지고 있다.[87] 하지만 현대 경제학이 수리 모델의 방법에 치중하게 되면서 그는 '경제학자가 아니다'라는 식으로 치부당하기 시작했고, 여기에 사회학자들 중 정치경제학의 딜레탕트들이라 할 톨콧 파슨스Talcott Parsons, 레몽 아롱Raymond Aron, 다니엘 벨Daniel Bell 등이 가세해 '베블런은 경제학자라기보다 인류학자, 사회학자이다'라는 편견을 만들었으며, 이를 갤브레이스John Kenneth Galbraith 같은 '경제학자'들이 암묵적으로 동조한 측면이 있다. 그래서 오늘날 베블런은 '과시적 소비'와 같은 깜찍한 아이디어를 담은 《유한계급론The Theory of the Leisure Class》의 저자로서, 또 여자들의 치마 길이와 자본주의 문화를 다룬 문화인류학자로서 사람들에게 더 많이 알려진 상태이다. 이러한 저간의 사정은 한국에서도 크게 다르지 않은 것 같다. 베블런의 본격적인 정치경제 분석을 담은 주저들은 전혀 번역되지 않았고, 《유한계급론》만 벌써 3종이 넘게 중복되어 번

역 출간된 상태이다.[88]

이 작은 책은 정치경제학자로서의 베블런의 면모를 제대로 알리고자 하는 작은 소망을 가지고 있다. 그래서 그의 여러 경제 이론 중에서도 가장 핵심적이고 독창적이라 할 수 있는 자본 이론에 관한 글 몇 개를 뽑아 번역·수록하게 된 것이다. 하지만 좀 더 큰 소망도 있다. 단순히 잊힌 사상가 한 사람을 복원한다는 문화재 관리 사업 차원이라면 나도 독자도 이만큼의 시간과 비용을 들일 필요가 있을지 회의를 가져 봄 직하다. 21세기 초엽인 지금 굳이 베블런의 자본 이론을 다시 읽자고 권하는 것은, 40년간 전 지구를 풍미하다가 지금 중대한 기로에 선 소위 '신자유주의적 금융 자본주의'를 이해하고 또 그 최첨단에 서서 '금융 허브'를 위한 '금융화'의 격변을 겪어온 한국 경제를 이해하는 데 결정적으로 중요한 개념과 안목을 그의 이론이 제시하고 있다고 생각하기 때문이다.

이 글은 여기 번역되어 있는 베블런의 글에서 중요한 논점 몇 가지를 끄집어내어 해설을 덧붙여 강조하고자 한다.

2. 베블런과 그의 미국 자본주의

베블런은 노르웨이에서 이민 와 미국의 미네소타에 정착

한 농부 토머스 앤더슨 베블런의 아들로 1857년에 태어났다. 십대 후반이 되어 대학에 들어갈 때까지 베블런은 이 노르웨이 이민 공동체의 농업적 환경에서 자라났기에 그의 모국어는 사실 노르웨이어였고 영어는 사춘기를 지난 다음에야 처음 배우기 시작했다고 한다. 베블런은 이렇게 노르웨이어와 루터파 교회 문화가 강하게 지배하는 북유럽의 전통적 농촌 공동체의 분위기에서 성장했다. 따라서 청년기를 맞아 도시의 대학—칼턴 칼리지—으로 나와 교육을 받게 된 그에게 미국은 하나의 낯선 나라 낯선 문명으로 보였을 것임을 짐작할 수 있다. 게다가 당시 미국은 남북 전쟁이 끝나고 본격적인 산업화와 자본주의 발전을 통과하면서 극도의 경제적·사회적 격변을 치르는 중이었다.

19세기 말 미국에서 나타난 자본주의의 발전은 자본주의 발달의 전 역사에서 대단히 중요한 위치를 차지하고 있다. 예컨대 카를 마르크스Karl Marx가 살면서 관찰한 자본주의는 1840년대에서 1860년대에 걸친 소위 '경쟁 자본주의' 혹은 '산업 자본주의' 시대의 자본주의로서,[89] 이는 19세기 초에 시작된 소위 1차 산업 혁명의 직접적 결과로 나타난 형태의 자본주의였다. 그런데 19세기 후반에 들어오면 증기 기관, 방직·방적기, 소비재 산업 등이 아닌 내연 기관, 철강 및 화학 공업, 중후장대 기간산업 등에 기반한 '2차 산업 혁명'이 시작된다. 그리고 이 2차 산업 혁명은 1차 산업 혁명이 18세기의 세계와 인간의 삶을 바꾸어놓은 것과는 비교도 할 수 없을 정도로 20세기의 세계와 인간의 삶을 바꾸어놓았다. 역사가 배러클로Geoffrey Barraclough가 말했듯이, 인간의 물질생활은 1897년 이전과 이후로 나눌 수 있다고 해도 지나친 과장은 아닐 것이다.[90]

그런데 이러한 기술 혁명과 물질생활의 변화는 그에 상응하는 인간 사회의 여러 제도들에도 심대한 변화를 가져오면서 사회 구조 전체를 또한 근본적으로 변형시키게 된다.《자본론Das Kapital》에서 회사 소유 형태의 '독특한' 종류로 다루어진 주식회사(joint-stock company, corporation)는 이제 보편적인 회사 형태로 확산되었다. 중후장대 위주로의 산업 구조의 변화에 따라 동원해야 할 자본의 크기가 커진 것도 이런 현상의 원인이겠으나, 특히 1890년대 이후 무서운 속도로 벌어진 인수 합병의 물결 속에서 주식회사라는 형태가 기업의 소유권을 자유롭게 분할·통합해나가는 독점 자본의 시장 지배 방법의 도구로서 큰 의미가 있기 때문이기도 했다. 금융 제도 또한 급격하게 변했다. 은행의 대부와 상업 및 금융 어음의 할인 위주로 굴러가던 금융 체제는 어느덧 채권과 주식 등의 증권 시장 중심으로 굴러가게 되었고, 대규모 산업 합병과 연결된 모건J. P. Morgan이나 록펠러J. D. Rockefeller 등의 투자 은행-상업 은행이 중심적인 행위자로 등장하게 되었다.

기업 제도나 금융 제도 등은 말할 것도 없고 법, 국가, 사상·이념 등과 같은 '상부 구조'에도 커다란 변화가 생기게 된다. 소유의 개념은 이제 더 이상 영미법의 전통인 보통법 common law에서처럼 '그 대상을 사용할 권리'라는 단순명쾌한 의미에 머물지 않고, '그것을 통하여 얻을 수 있는 화폐 가치'라는 의미로 변해간다. 그 과정에서, 수익을 얻어내는 데 도움이 되고 수익의 소유 관계와 양도 가능성을 설정할 수 있으면 오만 가지 사회적 사실 관계들도 공장 기계나 원자재와 똑같은 의미에서의 자산, 즉 '무형 자산'으로 인정되는 일이 생겨난다. 미국이라는 나라도 더 이상 옛날 제퍼슨Thomas Jefferson이나 잭슨Andrew Jackson 같은 이들이 꿈꾸었던 소생산자들의 자유로운 연합과 같은 소박한 의미에서의 민주주의 국가가 아니다. 이 나라는 활발히 벌어지는 매관매직 등에 의해 거대 기업들의 이익 사업과 하나로 연결되는 기업 국가corporate state의 원형으로 변형되어간다. 사상에 있어서도 마찬가지이다. 개인의 자유나 개체와 전체의 궁극적인 조화 따위의 형이상학에 기반을 두었던 고전적인 19세기 자유주의는 퇴조를 맞고, 그 대신에 새로 나타난 진화론, '강자가 약자를 희생시키고 살아남는 것이 사회와 역사의 법칙이요 조직 원리'라는 사회적 다윈주의social Darwinism가 정치경제 담론을 풍미하면서 무자비하게 시장과 사회와 국가를 먹어치우며 공룡으로 변해가는 거대 기업들을 정당화하는 논리로 작동하기 시작한다.

그런데 베블런이 보기에 이렇게 급변하는 세상에서 유독 변하기는커녕 19세기, 아니 18세기에 생겨난 사고방식으로 더욱 퇴행하고 그것을 굳혀가는 학문 분야가 있었으니 그것이 경제학이었다. 미국에서, 독일에서, 그리고 전 세계적으로 카르텔과 트러스트, 콘체른 등의 독점 자본으로의 집적이 한창이던 19세기 말의 경제학에서는 고전파 경제학보다 한층 더 개인주의와 공리주의의 쾌락주의 심리학에 몰입해 있던 한계효용학파가 풍미했다. 그리고 그 학파의 이론적 혁신은 마침내 레옹 왈라스Léon Walras의 일반 균형 이론과 앨프리드 마셜Alfred Marshall의 가격 이론으로 완성을 본다. 미국의 클라크John Bates Clark는 여기에 더하여 자본과 노동의 '생산성'에 의거하여 그 가치와 소득의 양을 설명하는 신고전파의 분배 소득 이론을 완성한다. 미국의 거대 기업들에 의해 19세기의 자유 경쟁 자본주의가 무너지고 모건이나 록펠러가 공공연하게 시장 경쟁 체제는 대기업의 적이라고 외치고 있는 순간에 경제학은 이렇게 상전벽해의 기술적·경제적·사회적 변화를 겪고 있는 현실과 동떨어진 과거의 사고방식으로 후퇴하고 있었던 셈이다.[91]

베블런의 경제학 저작들은 한편으로는 이러한 퇴행적 경제 사상을 이론적으로 비판하고 그러한 퇴행적 사고방식 — 그가 프래그머티즘 철학자 퍼스Charles Peirce에게서 얻어 즐

겨 쓰는 표현으로 "사유 관습habit of thought"— 의 역사적 · 사상적 연원을 밝히는 것에 집중하고 있고(그가 각종 경제학 학술지에 기고한 논문들이 이 주제를 다루고 있다고 볼 수 있다), 다른 한편으로는 이러한 변화가 낳고 있는 새로운 경제적 · 사회적 현상을 분석할 수 있는 이론적 · 제도적 · 역사적 접근의 틀을 제시하는 것을(이는 주로 그가 쓴 책들에서 다루어지고 있다) 중심적 과제로 삼고 있다. 이런 의미에서 그의 저작은 그 어떤 경제학자나 사회과학자의 저작보다도 그가 살던 시대의 현실적 변화와 사상적 퇴행 사이의 괴리와 불일치라는 시대적 맥락을 진하게 깔고 있다고 볼 수 있다.92

이 소책자에 역출한 두 논문(〈자본의 본성에 관하여〉 1, 2)은 그러한 그의 사유의 두 방향을 적절히 결합하고 있다는 점에서나, 또 자본주의 경제의 핵심적인 개념인 '자본'을 중심으로 하여 생산성, 공동체, 지식, 금융 등 경제의 굵직한 주요 주제들을 포괄적으로 논하고 있다는 점에서나 그의 경제학 저작들 중의 백미라고 해도 과언이 아니다. 이 논문들은 대단히 복잡하고 근원적인 문제들과 논의들을 너무나 짧은 지면에서 지극히 압축된 문장과 논리로 전개하고 있기 때문에 편히 읽어나가기에는 부담스러울 수 있다. 하지만 이 '두 논문에서 제기된 쟁점들이《영리 기업의 이론The Theory of Business Enterprise》이라든가《부재 소유Absentee Ownership》등과 같은 저서에서 반복하여 나타나고 있음을 감안한다면 이 논

문을 독파하는 데 들어가는 노고가 충분히 보상받을 수 있다
는 희망을 가질 수 있을 것이다.

3. 요소 생산성 개념의 거부와 사회적 지식의 중심성

전통적인 자본 이론에서 자본의 본질과 그 축적 과정의 성
격을 파악하는 방식은 크게 세 가지이다. 첫째, 자본은 생산
과정에 투입되는 물질적 자본재이며, 그 이윤과 축적의 크
기는 그 자본재에 내포되어 있는 생산성의 발현의 결과라고
보는 신고전파 이론이다. 둘째, 생산에 들어가는 원초적 재
료—노동과 토지—를 투하하여 (우회) 생산을 겪는 시간이
자본이며 이윤과 축적의 크기는 그 시간적 과정을 이자율 등
으로 평가한 것이라고 보는 오스트리아 학파 이론이다. 셋
째, 자본이란 불변 자본, 즉 그것을 생산하는 과정에서 노동
자들에게서 착취한 '죽은 노동'의 집적이며, 그 크기는 (비록
논자에 따라 모호하긴 하지만) 원칙적으로 생산 과정에서의 착
취율의 함수라고 보는 마르크스 경제학 이론이다. 이 세 이
론은 비록 서로 큰 차이가 있으나 하나의 전제를 공유하고
있으니, '자본이란 생산 과정에서 발현되는 생산성을 체현한
존재'이며, 이렇게 본질적으로 생산 과정에 뿌리박고 있는
자본이 화폐적 표현 형태로 전환된 것이 자본의 가치이자 이

윤 및 축적이라는 것이다.

　베블런의 자본 이론이 다른 모든 자본 이론과 애초에 갈라지는 것은 무엇보다도 그가 바로 이러한 (요소) 생산성이라는 개념을 거부했다는 점에서다. 그가 보기에 이 '자본의 생산성'이란 현실의 두 가지 요소를 합쳐서 구성해놓은 신화였다. 그 두 요소 중 하나는 사회 공동체 전체가 생산의 수단과 방법에 대해 공유하는 지식이요, 다른 하나는 그 지식을 자기 것으로 전유하고 그것을 기반으로 사회 전체를 지배하는 자본가의 권력이다. 즉, '생산성'이라는 것은 실제로는 사회 전체가 공유하고 있는 지식을 활용하여 전체가 이루어내는 산업의 생산 과정 자체라는 것이다. 산업의 생산 과정이 자본, 그리고 자본의 이윤으로 전환하게 되는 것은 자본을 소유한 자가 가지고 있는 사회적 권력에 기초하며, 따라서 자본이란 본질적으로 생산이 아닌 권력에 기초하는 존재이다.[93]

　그는 근대 경제 사상에서 가장 초석이 되는 개념의 하나인 '생산성productivity'이란 고대와 중세를 거쳐 현대로 내려온 '정령 숭배animism', 즉 일종의 물활론적 미신이라고 보았다. 주지하듯이 18세기의 중농주의자들physiocrats은 자연이란 무엇인가를 산출하는 틀이라는 고대 그리스인들의 자연physis 개념을 받아들여 이것을 '가치'를 낳는 원천으로서의 생산성의 개념과 동일시했다. 이후 애덤 스미스Adam Smith에게서 시작된 가치론 논쟁사는 그러한 '가치'를 낳는 생산성의 원천은 노동에 있는가 자본에 있는가 시간에 있는가 등의 '요소 생산성' 논의로까지 이어졌다. 하지만 베블런은 이러한 '생산성'이라는 하나의 정령을 가정하는 태도가 근대 초기의 자연관에 기초한 하나의 미신이며, 더욱이 그러한 정령이 경제적 과정의 구체적인 사물에 있는 양 여기는 것은 원시인들의 애니미즘과 똑같은 선입견preconception이라고 보았다.[94]

그 대신에 정치경제학을 인간의 '생활 과정life-process'을 연구하는 '진화적 과학evolutionary science'으로서[95] 쇄신하고자 한 베블런은 소위 '자본의 생산성'이라고 알려져 있는 것이 어디에 뿌리를 두고 있는지를 보기 위해 인간 공동체에서 경제생활이 벌어지는 전체 맥락에 착목하며, 이것이 이 책에 수록된 〈자본의 본성에 관하여 1 : 자본재의 생산성〉의 전반부 내용을 이룬다. 그는 '생산성'이라 할 만한 것이 있다면 이는 자본재이든 인간 노동이든 특정한 요소에 귀속되는 것이 아니며, 어떤 공동체가 자신의 문화적 맥락에서 어떤 욕망을 충족하는 데 사용하는 방법과 수단에 대해 공동체 전체가 보유하는 총체적 지식만이 궁극적인 생산성 담지자임을 강조한다. 이렇게 인간의 경제생활에서 지식이 차지하는 중요성을 이미 20세기 초에 간파한 베블런은 실로 선구적이라 아니할 수 없다.[96]

4. 권력으로서의 자본

(1) 산업 생산에 대한 '깽판 놓기'

그는 이렇게 공동체 전체의 효율적 생산 활동을 담보해주는 지식은 그 자체로는 아무런 화폐 가치를 가질 수 없으며, 또 자본도 이러한 지식을 기반으로 벌어지는 생산 활동과 아무런 관계가 없다고 강조한다. 오로지 특정인이 그 공동체 전체의 지식을 '볼모'로 잡아 사회 전체로부터 '몸값'을 뜯어낼 때에만 이윤이 발생하게 되는 것이며, 그러한 지식이 특정인의 이윤 창출을 위한 도구인 '자산'이 되는 것이라고 강조한다. 어떻게 이러한 '인질극'이 벌어질 수 있는 것인가. 생산의 수단과 방법에 관한 공동체 전체의 지식은 경제 단계가 발달함에 따라 특정한 '사물'에 체현되기 마련이다. 과학과 기술에 의존하게 된 19세기 중반 이후의 생산 지식은 모두 공장과 기계라는 사물에 체현된다. 여기에서 폭력을 동원한 지배 계급이 그 사물에 대한 법적 소유권을 설정하게 되는데, 이 근대적 소유권의 실질적 의미는 사실상 '자신이 그것을 사용할 권리'가 아니라 '남들이 그것을 사용하지 못하게 할 권리'이다. 한 번 더 비유를 들자면, 지배 계급이 사회적 생산이라는 흐름이 통과할 수밖에 없는 기계나 장비 등의 '병목'을 잡아버리는 것이다. 이렇게 되면 공동체 전체로서는 그것을 사용하기 위한 대가를 그 생산 수단의 소유자에게 지불할 수밖에 없게 되며, 이것이 그 장비로 생산된 재화에 대한 높은 가격과 그로 인한 높은 이윤으로 나타나게 된다. 여기에 중요한 함의가 있다. 자본 소유자가 이윤을 높이기 위해 하게 되는 일은 산업 생산을 한없이 증대시키는 것이 아니라 그것의 효율적 활용을 일정한 이윤이 보장될 만큼만 가동되도록 제한하는 '깽판 놓기sabotage', 즉, 베블런의 표현을 빌리면 "효율성의 주의 깊은 철회coscientious withdrawal of efficiency"라는 것이다.[97]

여기서 마르크스와 베블런의 차이를 지적하고 넘어갈 필요가 있다. 두 사람은 모두 자본주의의 '착취적' 성격을 이론화했지만, 두 가지 정도의 큰 차이를 보인다. 첫째, 자본이 착취하는 대상을 마르크스는 노동자의 잉여 노동이라고 본 반면에 베블런은 노동자만이 아닌 사회 공동체 전체의 생산력과 복지라고 보았다. 베블런은 노동 가치론 또한 '요소 생산성'의 신화에 기초한 그릇된 이론이라고 보았으며, 자본이 사회 공동체 전체로부터 가져가는 잉여의 성격은 '추상 노동'이 아닌 구체적인 액수의 '화폐'로 표현되는 생산물에 대한 청구권이라고 보았다. 둘째, 마르크스는 자본가들이 늘 가격 경쟁에 시달리면서 자신의 이윤을 올리기 위해 항상 생산성을 극대화하려 든다고 보았다. 비록 이것이 최종적으로 과잉 생산과 이윤율 저하라는 '비생산적 결과'를 낳기는 하지만, 이는 생산성을 오히려 너무 높이려고 노력한 결과 생산량이 무계획적으로 과도해지고 또 자본의 유기적 구성이 과도하게 기계 중심이 된 데 따른 '의도하지 않은 결과'이다. 반면에 베블런은 자본주의란 애초부터 생산성의 극대화가 아닌 그것의 제한, 즉 생산에 대한 '깽판 놓기'에 기초하고 있기에, 비효율적·비생산적 성격을 본질적으로 갖는다고 보았다. 결국 베블런에 있어서 자본주의의 사회적 모순이 생겨나는 대립선은 자본 대 노동이라기보다는 자본 대 사회 공동체 전체가 되는 셈이다.

(2) 무형 자산의 자본화

앞의 논의, 즉 사회 공동체 전체가 갖는 생산의 수단과 방법에 대한 지식을 '볼모'로 잡는 방법으로서의 자본의 소유와 그 '몸값'으로서의 이윤이라는 베블런의 이론에 대한 논의에서 자본은 생산 과정이나 생산성 그 자체와는 아무 상관이 없는, 폭력을 배경으로 한 사회적 권력이라는 논리가 제시되었다. 그런데 자본 시장과 주식회사라는 발달된 형태의 자본주의 체제가 되면 권력으로서의 자본의 두 번째 차원이 베블런의 논의에 등장하게 된다. 이것이 이 책에 수록된 〈자본의 본성에 관하여 2 : 투자, 무형 자산, 금융의 거물〉의 전반부에서 논의되는 자산의 자본화, 특히 무형 자산의 자본화이다.[98]

생산에 투입되는 각종 물적 요소들은 생산 과정에서는 기술적 요소들이지만, 그것을 소유하여 화폐 수익을 얻고자 하는 자본가에는 일정한 크기의 수익의 흐름을 창출하는 '자산'일 뿐이다. 이렇게 여러 다양한 기술적 요소들이 자본가에게는 가치의 크기만 다를 뿐 동질적인 '자산'으로서 무차별하게 보인다면, 여기에서 '무형 자산intangible assets'의 개념이 중요하게 등장한다. 어떤 기업이 큰 수익 흐름을 만들어내는 데 기여하는 것은 구체적 형태를 가진 기계 장비나 건물 등의 '유형 자산' 뿐만이 아니다. 그 기업이 다른 경쟁자들에 비해 특별히 더 많은 수익을 거둘 수 있게 해주는 무수히 다양한 사실 관계들도 있기 마련이다. 그러한 사실 관계들 중에는 분명 그 기업의 배타적 소유로서 규정될 수 있고 나아가 아예 일정한 금액으로 양도되기까지 할 수 있는 것들이 있다. 그렇다면 이러한 사실 관계들은 큰 소득 흐름의 원천이라는 점에서 기계 장비들과 아무 차이가 없는 '자산'으로 간주되고, 또 마찬가지로 그로 말미암아 들어오게 되는 미래 수익의 흐름을 할인하여 자본화할 수 있다. 특히 이 책에 수록된 〈현대의 영리적 자본〉에서 다루어지고 있듯이, 현대의 주식회사라는 기업 형태에서는 기업의 자산 구조에 있어서 이 무형 자산의 중요성이 압도적으로 커지게 된다. 주식회사란 일정 규모 이상의 시장 독점과 우월한 수익 흐름을 노리고 구성되는 것이거니와, 그러한 우월성을 가져다줄 수 있는 각종 사실 관계를 갖추는 것이 주식회사에는 사활이 걸린 문제가 되는 것이다.

이 '사실 관계'라는 밋밋해 보이는 용어를 잘 음미해보면 이것이 사실상 사회적 권력을 의미함을 알 수 있다는 것이 베블런의 중요한 논점이다. 즉, 유형 자산이 '깽판 놓기'의 형태로나마 실제의 생산 과정과 연결되어 있는 것이라면, 이 무형 자산은 생산 과정 그 자체와는 실로 아무 상관도 없이 단지 다른 공동체 구성원들과 경쟁자들에 대한 유리함을 보장해주는 법적·사회적 특권이라는 것이다. 그리고 실제의 기업 성장과 자본화 과정에서 이 무형 자산과 유형 자산은 서로의 가치를 규정하는 관계에 있으므로 서로 불가분으로 연결되게 된다. 즉, 유형 자산이 영리사업가들의 생산 과정에 대한 지배력이라는 차원으로 그 권력의 범위가 한정되는 것이라면, 무형 자산은 그 기업 활동을 둘러싼 모든 종류의 사회적 관계에 대한 권력이라는 훨씬 더 넓은 범위를 갖게 된다. 결국 베블런이 강조하는바, 주식회사 체제의 단계로 발전하게 되면 자본의 가치는 더더욱 생산과 무관한 것이 되며, 자본은 사회 전체를 아우르는 범위에서의 권력 일반과 동일한 것으로 변해가게 된다.[99]

(3) 자본의 '매물화'와 금융 자본

그런데 주식회사의 단계로 오면 이러한 무형 자산이라는 새로운 종류의 권력 형태보다도 더 근본적인 자본주의의 변화가 나타나게 된다. 이는 자본 시장의 발달과 함께, 회사의 자본 자체가 자본 시장에서 '매물'로 나오게 되는 상황이다. 그리고 이렇게 회사 자본 자체가 자본 시장의 매물로 나오게 되면 자본화 방식에도 근본적인 변화가 생기며 자본 축적의 성격 자체도 따라서 변하게 된다. 요컨대, 그 회사가 발행한 유가 증권이 현재 가지는 시장 가치의 총합이 그 자본화 가치가 되며, 그러한 시장 자본화 가치를 유리하게 만드는 것이 자본주의적 영리 활동의 궁극 목표로 바뀌게 되는 것이다.

자본화capitalization란 그 회사가 소유하고 있는 항목들을 자산으로 간주하여 가치를 매기고 그 회사 장부의 자본 계정에 계상計上하는 것을 의미하며, 자본이란 이렇게 자본화된 자산 가치의 총합, 즉 화폐로 표현된 그 회사의 가치라고 말할 수 있다. 그런데 베블런이 지적하는바, 19세기 초까지의 영국에서만 하더라도 이 자본화란 단순히 그 소유 항목의 구입 비용을 그대로 장부에 계상하는 것이었고, 어떤 회사의 자본 가치라는 것도 이 소유 항목 구입 비용의 단순한 합산을 의미하는 것이었다. 하지만 주식회사와 같이 기업 전체의 소유권이 유가 증권으로써 자본 시장에서 매매되고 있는 상태에서는 그 회사의 자본 가치, 즉 자본화 총가치는 전혀 다른 의미를 가지게 된다. 그 회사의 자본 가치란 곧 지금 당장 그 회사를 100퍼센트 구매하려면 얼마의 자금이 필요한가의 문제가 되며, 따라서 결국 시장에 발행되어 유통되고 있는 유가 증권의 시장 가격의 총합이 된다. 즉, 오늘날 쓰이는 용어와 같이, 시장 가치 총액market capitalization이 곧 그 회사의 자본 가치가 되는 것이다. 그 회사를 구성하는 항목들을 구입하는 데 얼마가 소요되었고 그 회사의 집기와 장비가 얼마나 비싼가는 이제 전혀 고려할 이유가 없다. 그 기업이 공개되어 그냥 자본 시장에 '매물'로 나온 상태에서는, 그 매물을 사들이는 데 필요한 돈이 곧 그 회사의 자본화 총액 가치가 되는 셈이다.

물론 이러한 기업 자본의 시장 가치에 기초가 없는 것은 아니다. 하지만 그 기초는 그 기업이 보유한 자산의 구입 비용은 물론이고 심지어 그 자산의 '생산성'과도 직접 연관이 없다. 그 기초는 오로지 그 기업이 앞으로 얼마만큼의 수익의 흐름을 창출할 것인가에 대한 예측을 할인율과 여타 변동 요인을 감안하여 현재 가치로 환산한 것이다. 즉 연금을 수령하는 이가 앞으로 죽을 때까지 받게 될 연금을 현재 가치로 환산하듯, 그 기업을 살 적에는 그 기업이 영속 기업going concern으로서 앞으로 창출할 수익의 흐름을 현재 가치로 환산한 것을 기초로 하여 금융 시장의 행위자들이 가격을 매기는 것이다.

이렇게 되면 자본 축적은 신고전파, 오스트리아 학파, 마르크스주의 이론 등에서 상정하는 것과는 더욱 거리가 멀어진다. 이 세 이론에서 모두 자본의 현재 가치는 과거에 이미 벌어진 생산 과정의 결과로서 주어지는 것이지만, 방금 본 시장 현재 가치에 근거한 자본화 과정에서는 자본의 현재 가치가 미래에 벌어들일 수익에 대한 예측에 근거하여 주어진다. 다시 말해서, 그 기업이 앞으로 경제적 과정을 둘러싼 사회 전체에 대하여 얼마만큼의 권력을 가지게 될 것인가에 대한 예측이 곧 그 기업의 자본 가치를 결정하게 되는 것이다.

(4) 금융적 거물에 의한 자본가들의 수탈

주식회사가 등장하고 자본 시장이 발달하여 그 주식회사의 자본이 매물로 거래되는 상황이 오면, 이제 생산 과정에 대한 자본 소유자의 지배라는 구조 위에 또 하나의 상부 구조가 성립하게 되는데, 이는 자본 소유자에 대한 금융 거물의 지배라는 구조로서, 이것이 베블런의 독특한 금융 자본주의 이론이 된다.

먼저 베블런은 로셔Wilhelm Roscher 등의 독일 역사학파의 자연 경제-화폐 경제-신용 경제라는 역사 발전 단계설을 언급하면서, 자본이 매물로 거래되는 자본 시장을 중심으로 발달한 현대 자본주의는 보통의 재화들이 거래되는 재화 시장을 중심으로 조직되었던 화폐 경제와는 질적으로 다른 단계임을 강조한다. 그것이 자본 가치의 평가와 축적에 있어서 어떠한 변화를 가져왔는지는 방금 논했거니와, 여기서 베블런은 재화가 거래되는 재화 시장에서 벌어졌던 대상인들과 자본 소유자들의 시장과 산업 조직에 대한 지배가 기업이 거래되는 자본 시장에서 투자 은행과 금융적 거물들의 자본 시장과 기업 조직에 대한 지배로 판박이처럼 복제된다는 흥미로운 유비를 발견한다.

재화 시장에서의 거래가 대상인들에 의해 중개되면, 대상인들은 자신들에게 큰 이익을 보장하는 방향으로 재화 시장에서 가격과 수량을 조작하는 데 열을 올리게 된다. 그리고 재화를 생산하여 가져오는 자본가도 여기에 함께 담합하고 공모하게 된다. 이것이 합쳐져 사회 공동체 전체의 생산 과정에 대한 '깽판 놓기'가 벌어지고 이를 통해 대상인들과 자본가들에게 이윤이 발생한다는 것은 앞에서 이미 보았다. 자본 시장에서 기업의 매매를 중개하는 대상인의 역할을 맡은 것이 투자 은행이라고 할 수 있으며, 어떤 기업을 매물로 내놓고 거래할 것인가를 결정하는 것은 업계의 거물captain of industry이나 대규모 금융 자본이라고 할 수 있다. 이들은 재화 시장에서 대상인들과 자본가들이 하는 것과 마찬가지로 기업의 자본 가치와 거래 조건을 유리하게 만들기 위해 여러 '조작' 행위를 하게 되며 이 과정에서 기업 조직 자체의 생산적 효율성, 나아가 기업으로서의 장기적 이익조차 크게 손상당하게 된다. 이러한 거래의 결과로 이들이 얻는 이익의 형태는 주로 보유 증권의 가치 상승이지만, 이는 기실 총자본에서 다른 작은 규모의 자본가들의 이윤을 수탈하여 자기들 쪽으로 돌리는 재분배이지 새로운 부나 저축을 창출한 것이 아니다. 즉, 자본가들이 사회의 생산 조직을 수탈하여 이윤을 거두듯이, 이들은 자본가 조직 전체를 수탈하여 엄청난 이윤을 챙기게 되는 것이다.

이러한 베블런의 금융 자본주의 이론은 금융 부문을 단순히 '실물' 경제에서의 거래를 원활하게 매개하는 장치 혹은 '베일'로 보는 (신)고전파 이론은 물론 힐퍼딩Rudolf Hilferding 이 전개한 마르크스주의적 금융 자본론과도 큰 차이가 있다.100 힐퍼딩도 자본 시장에서의 기업 소유권의 매매로 인해 금융 자본에 의한 산업 자본의 지배가 완결되고 금융 자본을 통해 독점 자본체가 형성되는 것을 논하고 있다. 하지만 그의 이론은 자본의 본성이나 축적 과정과 관련해《자본론》에서의 마르크스의 이론을 충실히 따르고 있으며, 단지 자본의 집중centralization을 순식간에 이룰 수 있는 효과적인 축적 방식으로서 '허구적 자본fictitious capital'인 금융 자본이 개입된 것으로 보고 있다. 결국 자본주의의 기본적인 성격은 그 이전과 본질적으로 동일하며 단지 자본 축적이 일정한 규모에 달하면서 훨씬 효율적인 축적 방식으로서 금융 자본이 출현한 것뿐이라는 것이다. 반면에 베블런은 금융 자본주의를 기본적으로 재화 시장-자본 시장의 차이와 관련한 질적으로 새로운 단계로 보면서 두 개의 질적으로 다른 수탈 구조가 중첩된 것으로 본다. 자본주의는 이제 그 내부에서도 위계의 구조를 가지게 되며, 그 꼭대기에 앉은 대금융 자본은 생산 조직뿐만 아니라 거의 전 사회를, 나아가 자본가 집단까지도 자신의 아래에 두고 지배하는 권력을 가지게 되는 것이다. 그리고 이들의 권력은 일반적인 기업의 자본처럼 쉽사리 현재 가치로 계산할 수 없는 것이 된다.

하지만 이러한 금융 자본주의 체제가 언제까지나 똑같이 지속될 수 있는 천년왕국은 아니다.《영리 기업의 이론》제 6장과 이 책에 수록하지 못한《부재 소유》제12장에서 논의되고 있는바, 이러한 자본 시장의 작동을 통한 자본 축적은 곧 끊임없는 신용 팽창, 그리고 유가 증권 과다 발행 및 자본의 재자본화recapitalization를 통한 자산 인플레이션을 낳게 되어 있다. 이를 적절하게 통제하기 위해 대은행가들과 금융 기관들이 조직되어 중앙은행 체제를 형성하지만, 결국 이러한 금융적인 축적의 지속은 실제 산업에서의 수익 창출 능력과의 괴리를 낳기 마련이고 결국 붕괴의 위험을 안게 된다.[101]

5. 신자유주의 시대의 '금융화'와 베블런

베블런은 자신이 예견했던 금융 자본주의의 거품 붕괴를 몇 달 앞두고 1929년에 사망했다. 베블런이 관찰하고 이론화한 19세기 말과 20세기 초의 미국 자본주의—마크 트웨인Mark Twain이 "금칠갑을 한 시대gilded age"라고 부른—는 이후 뉴딜을 거치면서 큰 변모를 겪는다. 그리하여 베블런이 관찰했던 투자 은행과 금융의 거물들이 지배하는 형태의 자본주의의 작동 원리는 1930년대 이후 현실과 상당히 큰 괴리를 보이게 된다. 그리하여 베블런의 기업 이론도 많은 이들의 머릿속에서 하나의 '고전'으로 자리 잡게 되는 동시에 옛날이야기의 지위로 밀려나게 된다.

그런데 1970년대 들어서 브레턴우즈 체제와 유가 체제가 무너지게 되자 안정되어 보였던 이러한 '전후 자본주의' 형태는 다시 한번 큰 변동을 겪게 된다. 1980년대 초에 이르면 소위 '정크본드' 시장을 필두로 하여 기업 매수 시장의 규모가 엄청나게 팽창하게 되고 마침내 1980년대 중반에 이르면 다시 모든 기업을 '매물'로 삼을 정도의 자본 시장이 나타나게 되며, 모든 기업들은 적대적 인수 합병을 피하기 위해서 주식 가치의 앙양에 전력을 기울이지 않을 수 없게 된다. 여기에 1970년대 중반부터 시작된 금융 체제의 탈규제화로 엄청난 자금이 자본 시장으로 밀려들게 되면서 소위 '주주 가치 자본주의shareholder-value capitalism'가 나타나게 된다. 그리고 사회 전반에 걸친 서비스의 상품화와 지구적인 금융 부문의 팽창으로 '신자유주의 금융화'가 나타나고, 미국을 필두로 한 세계 자본주의의 구조는 베블런이 관찰한 바 있는

20세기 초의 미국 자본주의의 정황과 대단히 비슷해졌다.[102]

이 과정에서 나타난 투자 은행업의 팽창, 기업 경영의 변질, 주주-경영자의 유착과 권력 확대 등등의 상황은 이 책의 뒷부분에 실려 있는 베블런의 묘사, 즉 당시 금융 자본주의 치하의 기업 경영의 양태와 놀랄 정도로 유사하다. 또 1970년대까지 회계의 원칙이었던 역사적 원가 회계의 원칙 대신 시가 회계의 원칙이 보편화되고 아예 국제 기준으로까지 발전한 오늘, 자본 가치의 계산과 축적 과정 또한 베블런의 논의와 흥미로운 평행선을 보여주고 있다.

또 1997년 외환 위기 이후, 특히 노무현 정권에 들어서서, 금융을 신 성장 동력으로 삼는다는 '금융 허브' 전략을 기초로 국가 경제의 구조 변화를 추진해온 한국의 현실에서도 베블런이 논한 바 있는 '자본을 매물로 삼는' 자본 시장을 중심으로 재구조화되는 금융 자본주의 구조의 논리는 중요한 함의를 갖는다. 금융은 산업 자금의 중개를 목표로 하는 것이 아니라 그 자체가 '황금알을 낳는 거위'이니 동아시아에 돌고 있는 엄청난 양의 국제 자본을 한국으로 끌어들여서 주식 시장 등의 자산 시장을 지속적인 가격 상승의 기조로 만들며, 또 우리 스스로도 국내의 기업 및 금융 부문을 대수술하고 기업 인수 합병 시장을 활성화할 뿐만 아니라 은행의 자산을 불려 '글로벌 투자 은행'을 키워야 한다는 것이 그 중요한 모토이다. 이것이 지난 10여 년간의 한국 자본주의의 변모를 관통하는 중대한 핵심인 '금융화'와 궤를 같이하는 것임은 분명한 일이다.

참고로 다음의 구절을 음미해보자.

한국의 지난 10여 년은 기업-복지-사회 서비스 등 시민들의 '생존 단위'들을 '금융 자산'으로 동질화시키는 과정이었다고 할 수 있다. 예를 들어, 김대중 시대의 '재벌 개혁'은 '금융 시장의 해방'과 '기업의 금융 자산화'를 의미하는 것이었다. 김대중 '개혁' 이전엔, 대다수의 재벌 가문이 한 자릿수 지분으로 전체 계열사를 지배했으며, 대기업 주식의 거래 역시 다양한 규제로 인해 자유롭게 이루어질 수 없었다.

특히 외국인은 국내 대기업의 주식을 소유하기가 거의 불가능했다. 이런 상황에서 자본 시장을 자유화하고 개방해서 국내는 물론 해외 투자자들까지 자유롭게 대기업 주식을 거래하고 심지어 경영권까지 노릴 수 있게 만든 것이 이른바 김대중 '개혁'의 핵심 내용이다. 기업의 생산품이 아니라 '기업 그 자체'가 주식 시장에서 자유롭게 거래될 수 있는 상품이 된 것이다.

그런데 국민 경제의 성장-고용을 책임지는 기업이 금융 자산이 되었다는 것은 무엇을 의미하는가. 기업 경영에서 가장 중요한 목표가 기존의 성장-고용에서 '기업 가치(주식 가치) 올리기'로 바뀌었다는 것이다. 기업 가치가 떨어지면 다른 기업에게 쥐도 새도 모르게 인수당하는 수가 있다. 그래서 기업 가치를 올리려면, 고용 형태를 최대한 유연하게 해야 하고 연구 개발 등 장기간에 걸쳐 성과를 내는 투자는 가급적 억제해야 한다. 안정된 고용 형태나 연구 개발 투자는 국민 경제에 장기적으로 이롭겠지만, 단기간에 금융 수익을 올려야 하는 투자자들에겐 선행善行일 수 없으며 이에 따라 '기업 가치 올리기'에도 도움이 되지 않는다.[103]

이 글을 쓰고 있는 2008년 말은 지난 40년간 지속되어온 신자유주의적 금융화가 중대한 기로에 서게 된 시점이며 또 그러한 금융화를 하나의 '글로벌 스탠더드'로 삼아 전력을 다해 추구해온 21세기의 한국 자본주의의 모델도 따라서 중대한 기로에 서게 된 시점이다. 하지만 자본주의의 성격을 규명하는 데 가장 핵심이 되는 자본의 개념, 그리고 자본이 구체적으로 축적되는 메커니즘에 대한 우리의 이론은 사실상 20세기 초엽의 지식 상태에서 크게 변한 것이 없다. 이러한 현실과 이론의 엄청난 괴리가 현재의 위기를 심화시키는 중대한 요소의 하나가 될 것이라는 점도 재론의 여지가 없다. '금융화'라는 개념 혹은 현상 자체가 적절한 이론적 분석 틀과 조사 프로그램의 부재로 인해 아직도 혼란을 면치 못하고 있다는 사실이 그것을 잘 말해주고 있다.

따라서, 이 글 서두에서 밝힌, 20세기 초에 나온 베블런의 글들을 이 책으로 엮고 옮기는 나의 '큰 소망'도 이해될 여지가 있을 것이라고 믿고 싶다. 자본이 그 본성과 작동 메커니즘에 있어서 사회적 권력임을 갈파하고 그에 근거하여 금융 자본주의를 이해하고 분석할 논리를 마련했던 베블런의 주장은 21세기에 들어와 벌어진 이 '금융화'의 현실에서 그 어느 때보다도 더 큰 적실성을 가지게 되었다고 믿기 때문이다. 엮고 옮기고 해설을 달았으니 나의 작업은 끝났다. 나의 '소망'이 실현될지 어떨지는 이제 읽는 이들에게 달린 셈이다. 이 책을 준비한 사람이나 구해서 읽는 사람이나 그 시간과 비용이 단지 '문화재 관리 차원'에 머물지 않게 되기를 간절히 희망한다.

주

1 합법 금융 시장에서는 교황청이 팔았던 '면죄부'를 할인하여 구입
할 수 있다. 이러한 방법이 바닥이 난다면 사채 암시장에서 여러 마
리의 악마와 순차적인 '계약'을 맺는 '돌려막기'의 방법을 통해 지불
을 계속 늦출 수 있다.

2 신고전파 자본 이론과 마르크스주의 자본 이론이 각각 어떠한 이론
적 모순에 봉착하여 파산하게 되었는가는 심숀 비클러·조너선 닛
잔,《권력 자본론 : 정치와 경제의 이분법을 넘어서》, 홍기빈 옮김
(삼인, 2004)의 1부에 자세하게 다루어져 있다. 특히 신고전파 경제
학 진영은, 1960년대의 '자본 이론 논쟁' 당시에 좌장 격이었던 폴
새뮤얼슨Paul Samuelson 스스로가 자신들의 자본 이론은 '우화fable'
에 불과하다고 인정한 바 있으나, 이후에 마치 그런 논쟁은 있지도
않았던 것처럼 여기고 있다. 이는 이미 논쟁이 벌어지던 당시 신고
전파를 공격하던 로빈슨Joan Robinson 여사가 예견한 바 있는 일이
고, 최근 호지슨Geoffrey Hodgson이 그 예견이 현실화되었음을 확인
한 바 있는 일이다.

3 (옮긴이주) "자본재의 생산성the Productivity of Capital Goods"이라는
부제는 이 1부가 처음 출판되었을 때는 붙어 있지 않았다. 2부가 출
판되었을 때 베블런은 1부에서 이러한 부제가 실수로 누락되었다

고 언급한다.

4 (옮긴이주) 효용 개념에 입각한 신고전주의를 말한다.

5 (저자주) 물론 이 문맥에서 '자산assets'이라는 말을 글자 그대로의 뜻으로 받아들여서는 안 된다. 이 용어는 엄밀하게 말해서 금전상의pecuniary 개념으로서만 의미를 갖는 것이지 산업적(기술적)인 의미를 갖는 것이 아니며, 이 용어는 가치의 의미와 또 소유권의 의미도 함축하고 있는 것이다. 이 논문의 후편에서 소유권과 투자의 개념을 논할 적에 이 말은 이러한 문자적 의미 그대로 쓰일 것이다. 하지만 지금의 문맥에서 이 말은 가치와 유용성이라는 함축적 의미를 전달하는 데 더 좋은 용어가 없어 어쩔 수 없이 비유적으로 쓰고 있는 것뿐이며, 따라서 소유권의 의미는 함축하고 있지 않음에 주의하기 바란다.

6 (저자주) 물론 무언가 위업을 이룬다거나 경쟁자들을 따라잡으려는 동기 등이 소유권이라는 관습과 그것이 의존하는 여러 원리들을 탄생시키는 데에 중대한 역할을 한다는 것은 의심의 여지가 없다. 하지만 이러한 동기들의 작동과 그것에 따르는 여러 제도들의 발전 등은 여기에서 다룰 수 없다. 《유한계급론 The Theory of the Leisure Class》 제1, 2, 3장을 참조하라.

7 (옮긴이주) 이는 보통 프래그머티즘pragmatism 철학의 창시자의 하나로 이야기되는 퍼스Charles Peirce가 사용한 용어이다. 그는 데카르트적인 인식론에 강력하게 반대하고 인간의 사유란 인간의 행동과 불가분의 관계임을 강조하여, 진리의 확신이란 행동의 불확실성을 감지하고 그것을 해소하여 자신 있게 행동하기 위한 과정이라고 주장했다. 이렇게 행동과 생각에서 불확실성이라는 귀찮은 감정irritation을 배제해나가는 순환이 계속되다 보면 행동 습관habit of action과 더불어 사유 관습habit of thought도 사람들의 머릿속에서 굳어지

게 되는데, 그것이 하나의 논리 형식으로 나타나는 것이 보통 믿어지는 바의 '진리'라는 것이다. 베블런은 이러한 사유 관습의 개념을 사회의 정치 경제 제도가 인간의 머릿속에서 관념화되고 또 그것이 사회의 실제 행동practice의 습관이라 할 제도로서 정착되어 서로가 서로를 강화하기도 하고 또 기술이 진보함에 따라 서로 괴리되기도 하는 과정에 착목해 이해했다.

8   (저자주) H. Nieboer, *Slavery as an Industrial System*, ch. iv, sect. 12 참조.

9   (옮긴이주) 미국 경제학자 헨리 조지Henry George 등이 제안한 세금 제도. 그는 리카도David Ricardo의 이론에 근거하여 토지에서 발생하는 지대란 완전히 비생산적이고 기생적인 소득, 즉 "벌지도 않은 수입 증가unearned increment"라고 비판하고, 이를 장기적으로 모조리 세금의 대상으로 삼아 사실상 지대를 폐지할 것을 주장했다. 이렇게 지대만으로 세금을 충당하게 되면 다른 일체의 세금 등은 폐지할 수 있게 되므로 시장 거래와 자유 무역이 활성화되어 경제 부흥이 오게 된다는 주장이었다. 헨리 조지는 당시의 미국은 물론 영국의 페이비언 사회주의자들, 중국의 쑨원孫文이나 러시아의 톨스토이 등에게도 널리 영향을 미친다.

10   (옮긴이주) 즉, 지식을 말한다.

11   (저자주) 이 점에 관한 나의 견해는 "The Preconceptions of Economic Science", *Quarterly Journal of Economics*(1899년 7월)에 좀 더 길게 다루어져 있다. 또 *The Theory of Business Enterprise*, ch. iv, 특히 70~82쪽을 보라.

12   (저자주) 마르크스는 자본주의를 발흥시킨 "본원적 축적"의 성격이 폭력과 사기에 있었다고 주장한다(*Capital*, Book I, ch. xxiv). 좀바르트Werner Sombart는 그 원천이 토지적 부였다고 주장한다(*Moderne*

Kapitalismus, Book II, Part II, 특히 ch. xii). 에렌베르크Ehrenberg와 다른 좀바르트 비판자들은 가장 중요한 근원으로 고리대와 소상업을 보는 관점에 더 기울어 있다(*Zeitalter der Fugger*, chs. i · ii).

13 (저자주) 여기서 이 '어느 정도more or less'라는 표현을 쓴 것은 규모와 방법에 있어서 차이의 여지를 두기 위한 것이다. 이 차이는 여러 다른 업종 간에 비교해보면 대단히 크게 나타날 수도 있지만 이 글의 제한된 지면에서는 이것을 충분히 논할 수 없다. 업체는 다른 업체와의 경쟁으로 인해 일정한 규모와 방법을 필수 조건으로 받아들이지 않을 수 없다. 이 경쟁에 의한 조정 과정이 어떠한 힘과 범위를 가지고 있는가의 문제도 여기서 논할 수는 없지만, 우리에게 익숙한 최근의 사실들을 받아들인다면 자세한 논의를 꼭 할 필요는 없을 것이다.

14 (저자주) *Theory of Business Enterprise*, ch. iii 참조.

15 (저자주) 여기서 '유형 자산'이란 유용한 자본재, 즉 소유자에게 소득을 가져다주는 것으로 일정한 가치를 갖는 소유물들이라는 뜻으로 사용한다.

16 (옮긴이주) 고전적인 두 권의 저서를 소개한다. Matthew Josephson, *The Robber Barons*(New York : Harcourt, 1962) ; Gustav Meyers, *History of the Great American Fortunes*(New York : Random House, 1936).

17 (옮긴이주) '가격 체제price system'란 영리 활동의 금전적 이익이 산업 활동 전체를 지배한다는 의미에서 베블런이 자본주의 체제를 일컬어 쓰는 용어이다.

18 (저자주) 물가, 불황, 실업, 호황 등등의 상호 연관에 대해서는《영리기업의 이론*The Theory of Business Enterprise*》제7장(185~252쪽, 특히 196~212쪽)을 보라.

19 (저자주) 여기서 '왜곡perversion'이란 공동체의 생계에 낭비나 손해

를 낳는 식으로 산업 제력을 처분하는 것을 의미한다.

20 (저자주) 이 부분이 이 논문 전편의 주요 논지와 어떻게 연결되는
지가 모호하거나 의심스럽다면, 다음의 사실을 상기시키고자 한다.
이 의심쩍은 오락 사업들은 이윤을 위해 행해진 투자의 예들이며,
또 거기에 들어간 '자본재'라는 것들은 소득을 낳을 목적으로 투자
된 부이다. 하지만 이것들은 오직 다음의 두 가지 조건을 충족시킬
때에만 소득을 낳을 수 있다. ① 그 자본재들을 소유하고 사용하여
그 소유자가 공동체 전체의 기술적 전문성을 자신의 사업에 유용한
방향으로 전용할 수 있게 될 때. ② 그 용도로 쓸 수 있는 부의 양이
제한되어 있어서 그것을 소유한 자가 그 방면에 관한 공동체 전체
의 기술적 전문성의 일부의 활용을 '독점engross'할 수 있을 때―그
'독점'의 정도는 그 용도로 쓸 수 있도록 제한된 부의 양에 의해 결
정된다. 여기까지만 보면 이러한 사업체들이 여타의 산업적 기업들
과 별 차이가 없다. 하지만 큰 차이도 있다. 이 사업체들은 물적 재
화 조달의 수단과 방법에 대한 당대의 지식을 사용함에 있어서 자
신들이 그 지식을 공동체 전체를 위한 '생산적' 용도로 쓰고 있다는
식으로 정당화하는 시늉조차 하지 않으며 그럴 필요도 느끼지 않는
다는 것이다. 이들은 그저 투자된 부는 이익을 저절로 낳게 되어 있
다고 하는 (신성불가침의 제도로서) '확립된 사실'에 근거하여 사업
을 벌이고 있을 뿐이다. 보통의 영리 기업들은 사람들의 눈을 현혹
하기 위해 자기변호의 안개를 뿌려대지만, 이들은 그런 안개 따위
를 둘러쓰려 들지조차 않는 것이다.

21 (저자주) 그러한 특권이나 차별적 지위에서 나타나는 상대적인 차
등적 이익과 불이익을 어떤 척도로 측량할 수 있는가 하는 문제를
좀 더 구체적으로 밝혀야 이 문장이 의미하는 바가 명확하게 보일
것이다. 옛날의 비화폐적 단계의 문화에서처럼 가격에 의한 비교

를 적용할 수 없는 경우라면 이 문장은 다음과 같이 이해하면 좋겠다. 불리한 위치에 있는 이가 겪게 되는 차등적 불이익의 희생의 크기와 수혜자 쪽에서 자신의 차등적 이익의 편익을 스스로 조달해야 할 경우 기꺼이 감수해야 할 불이익의 크기를 비교하면 전자가 더 크다는 것이다.

22 (옮긴이주) Øresundstolden. 덴마크 왕이 발트 해협을 통과하는 배에 부과했던 통행세. 발트 해 무역이 증가하기 시작하던 1429년에 포메른의 에리크는 이 해협을 통과하는 모든 배들에 일정한 통행세를 부과했고 거부하는 배는 양안에 설치한 대포로 침몰시켜버렸다. 1567년에는 이것이 배의 선적물에 대한 세금tax의 형태로 발전하여 엄청난 수입원이 되었다. 19세기 중엽에 국제 협약을 통해 폐지되었고, 발트 해협은 국제 수로가 되었다.

23 (옮긴이주) AP통신Associated Press은 1846년에 경쟁 관계에 있던 뉴욕의 다섯 개 신문사가 유럽 쪽 소식의 원천을 공유하기 위한 협약을 통하여 생겨났다.

24 (옮긴이주) 적국의 영토 내외의 적국 국민 소유의 자산의 약탈을 허가하는, 정부에서 자국 국민에게 발행하는 위임장. 이러한 위임장을 가지고 약탈을 전문적으로 벌이는 자들을 사략단privateer이라고 한다. 그 가장 유명한 예는 흔히 해적으로 유명한 프랜시스 드레이크Francis Drake 경이나 윌리엄 키드William Kidd 등을 들 수 있다. 이는 1856년의 파리 조약에서 국제적으로 폐지되었다.

25 (옮긴이주) 이 기간 동안 육식이 금지된다.

26 (옮긴이주) '굿윌good will'은 우리나라의 회계 용어로는 '영업권'이라는 말로 옮겨진다. 하지만 영업권이라는 말은 마치 이것이 특허권 등과 같이 법적인 인정을 받아 제도화된 권리인 것 같은 인상을 주는 반면, 사실상 굿윌은 다른 무형 자산 항목에 넣기 힘든 여러 가

지 다양한 것들을 모두 포괄하는 애매한 범주이기에 '영업권' 대신에 아예 '굿윌'이라는 영어 단어를 그대로 쓰는 것이 낫다는 주장도 있었다. 이 글에서 베블런이 굿윌이라는 말을 쓰는 맥락에도 굿윌은 그렇게 복잡하고 다양한 요소들이 모두 들어가는 애매한 범주라는 의미가 담겨 있으므로, 여기서는 '영업권' 대신 '굿윌'이라는 용어로 옮기도록 한다.

27 (저자주) 특허권과 같은 종류의 무형 자산들에까지 이러한 성격 규정을 적용할 수 있는 것인가라는 의문이 제기되어왔다. 그러한 의문은 이런 분석과 그 의도를 잘못 이해함으로써 생겨난 것이라고 보인다. 여기서 무형 자산으로 이야기된 그 어떤 종목에 대해서도 힐난하거나 부정하려는 의도가 결코 없다는 점을 말해두어야 하겠다. 특허권은 사람에 따라서 정당화될 수도 있고 안 될 수도 있는 것이겠으나 여기에서는 그 문제를 논할 이유가 전혀 없다. 다른 무형 자산의 종목들도 이 점에 있어서는 마찬가지이다.

나아가, 자산으로 간주되는 특허권의 성격이라는 것에 대해서도 한 가지 짚고 넘어간다. 어떤 특허권을 통해 보호되는 발명이나 혁신은 공동체 전체의 기술적 능력 축적의 일정한 기여라고 할 수 있다. 그런데 이것이 공동체 전체에게 (직접적으로) 쓸모가 있는 것인지 아닌지는 다른 문제이다. 예를 들어 현금 출납기, 은행 수표 천공기bank-check punch, 전차 요금 자동 기록기, 도난 방지 금고 등과 같은 발명품들은 공동체 전체에게는 직접적인 쓸모가 전혀 없는 것이며 오직 그것을 사용하는 이들에게 금전적인 이익을 가져다주는 데에만 복무할 뿐이다. 게다가 그 혁신이 유용하고 않고를 떠나서 특허권이라는 것은 자산으로서 아무런 (직접적인) 유용성이 없다. 왜냐하면 그것의 본질은 그 혁신을 특허권자만이 실제로 이용할 수 있도록 제한하는 것이기 때문이다. 즉자적으로 따져보았을 때 특허권은 공동체 전체에 대해 손해를 입히는 것으로 보아야 한다. 그것의 존재로 인한 궁극적인 혜택이나 그 윤리적 정당화야 어찌 되었든 간에 그것이 표방하는 목적 자체가 공동체로 하여금 그 특허에 묶인 기술 혁신을 사용하지 못하게 하는 것이기 때문이다.

28 (옮긴이주)《가난한 리처드*Poor Richard*》는 벤저민 프랭클린Benjamin Franklin이 1734년에 미국에서 출판한 사업계 연감almanac이다. 당시의 연감은 일 년치 달력과 함께 이런저런 금언이나 명구들을 써놓은 것이었다고 한다. 이 유명한 구절은 그래서 보통 벤저민 프랭클린의 구절로 알려져 있다.

29 (저자주) 그 자본화된 토지가 '굿윌'의 한 항목이 되는 것은 물리적 크기('토지')로서도 아니고 금전적 크기('부동산')로서도 아니다. 그 부동산으로서의 가치—즉 자산으로서의 크기—는 어느 정도는 토지 중개인이 그 토지를 위해서 '굿윌'(토지의 가치에 덧씌워진 환상 같은 것들)을 일구어놓고 또 활용한 덕분에 생겨나는 것이다. 부동산이란 유형 자산이며 물질적 부의 한 항목이다. 반면 그것이 부의 항목으로서의 양을 가지게 되는 부분적인 원천이라 할 '굿윌'이라는 것은 무형 자산, 즉 비물질적 부의 항목인 것이다.

30 (옮긴이주) 기독교에서는 빵과 포도주에 성직자가 주관하는 일정한 절차의 작용을 가하면 그것들의 실체substance가 예수의 살과 피로 전환된다고 믿어진다.

31 (저자주) 물론 '살림살이livelihood'란 여기서 느슨한 의미로 쓰이고 있다. 단순히 생계 수단이나 나아가 물질적 안락의 수단만을 지칭하지 않고, 그 구매 행위가 이윤을 위한 생산으로 이어지지 않고 대신 그 재화의 소비적 사용을 위해 이루어진다는 뜻으로 쓰이고 있는 것이다.

32 (저자주) 이렇게 하여 독점한 생산 도구는 물론 유형 자산이다. 하

지만 그렇게 생산 수단을 독점한 양이 그 소유자가 시장 전체를 독점하거나 통제할 수 있을 만큼 클 경우—(원자재나 노동 등의) 구입에 있어서건 (판매 제품이나 서비스의) 판매에 있어서건—이는 그 소유자의 영리 활동에 차등적인 이익을 가져다주는 것이므로 무형자산으로 분류해야 마땅하다.

33 (옮긴이주) 17세기만 해도 제조업에 사용되는 유형 자본 혹은 고정 자본의 규모는 미미한 것이었고 따라서 당시의 정치경제학자들 또한 생산의 주요 요소로 노동과 토지(농업 생산의 경우에서처럼)만을 염두에 두고 있었다. 그런데 당시 영국의 농업에서 많이 행해지던 차지借地 농업의 농업 경영자들—지주로부터 땅을 임차하고 노동자를 고용하여 생산을 한 뒤 지대와 임금을 치르고 자신의 이윤을 거두어 가던 자본주의적 농업 경영자들—이 거두어 가는 소득은 그렇다면 어디에서 발생하는가에 대해 많은 혼란이 있었다고 한다. 윌리엄 페티William Petty는 이를 농업 경영자가 수행한 '노동', 즉 생산 과정에 대한 '감독자superintendent'로서의 노고에서 발생하는 일종의 '임금'으로 설명하려고 했다.

34 (저자주) 심지어 혹자는 이러한 사실들을 관련된 주요 이론 개념들의 틀 안에서 해결해보려는 시도가 지나친 나머지 이 경우의 관련 개인들, 즉 '감독자', '기업가', '모험 사업가' 등을 '자본'으로 감정 평가하는 지경에 이르렀다. 이러한 소득 흐름의 근원을 추적하면 그 원천이 이 개인들까지 올라갈 수 있다고 스스로를 납득시키면서 말이다. Irving Fisher, *Nature of Capital and Income*, ch. v를 보라.

35 (옮긴이주) 19세기 후반, 특히 1870년대 이후 미국 자본주의는 독점 자본주의 단계로 급격하게 전환된다. 이때 철도, 철강, 수운 등의 여러 업종에서는 가장 큰 힘을 가진 대기업의 거물이 자기 업종의 지배자captain로 군림하여 여러 작은 기업들을 가격 담합의 카르텔과

같은 낮은 단계를 넘어 트러스트나 신디케이트와 같은 다종다기한 독점체들로서 조직해버리고 업계 전체를 지배하게 된다. 전형적인 인물이 철강에서의 카네기Andrew Carnegie와 같은 인물이라고 할 수 있다. 이때 이 업계의 지배자들이 자기 영향력하의 여러 독점체들을 조직하고 또 여러 기업들을 지배·분할·합병하는 데에 있어서 효과적으로 쓰였던 수단이 바로 각종 유가 증권으로 소유권의 형태를 가진 주식회사와 그 유가 증권이 거래되는 금융 시장이었다.

36 (옮긴이주) 계약 증서의 서두에 나오는 문서로서, 계약이 이루어진 정확한 일시, 그리고 계약 당사자들의 법적 지위를 명확히 해둠으로써 혹시 이후 분쟁이 발생할 때 그 계약의 일시와 당사자들이 누구인지에 대해 시비가 없도록 한다.

37 (옮긴이주) 19세기 말엽 미국의 철강업계는 카네기가 이끄는 독점체와 모건J. P. Morgan 등이 이끄는 연방강철Federal Steel Corporation의 상호 파멸적인cut-throat 가격 전쟁으로 치닫고 있었다. 이에 1901년 두 '이익 집단'은 인수 합병에 합의하고 카네기가 모건 등에게 자신의 회사를 넘겨 유에스스틸 주식회사U. S. Steel Corporation를 형성하여 미국 철강 시장의 62퍼센트를 점유하는 독점체로 발전하게 된다. 하지만 이 과정에서 여기에 참여한 여러 이익 집단들 사이에 치열한 암투와 사기술들이 등장한 바 있다. 스탠더드 오일은 1890년 미국의 반독점법인 셔먼-트러스트 법Sherman-Trust Act으로 인해 회사 분해 명령을 받아 1899년 각 회사의 주재 주state에 따라 7개 'Seven Sisters'로 나누어지게 되는데, 여기에서도 여러 복잡한 법적 과정에서의 암투와 암수가 등장한 바 있다.

38 (저자주) Irving Fisher, *Rate of Interest*, ch. vi 참조.

39 (저자주) 왓킨스G. P. Watkins 씨도 이러한 결론에 도달했다(*The Growth of Large Fortunes*, ch. iii, sect. 10). 하지만 모종의 흥미로운 어

원론적 오해로 인해 그는 '시간적 차원을 갖지 않는timeless'이라는 용어를 사용할 수 없는 것으로 거부해버린다.

40 (저자주) 한 예로, 심지어 (앞에서 언급한) 왓킨스 씨조차 이러한 종류의 이득을 '투기적'인 것으로 분류하는 피상적 일반화에 빠져 그 이득의 성격이 무엇이며 또 그 이득이 그것을 낳는 종류의 영리사업과는 어떤 관련이 있는가 등의 문제를 더 자세히 알아보는 과제를 저버리고 있다.

41 (저자주) *Theory of Business Enterprise*, ch. v, 119~130쪽 ; ch. vi, 162~174쪽 참조.

42 (저자주) *Theory of Business Enterprise*, footnote on 169~170쪽 참조.

43 (저자주) 이 논문 앞부분에서의 논리 전개를 통해 분명하게 드러났겠지만, 현재 문맥에서 이 '조세', '공제deduction', '뜯어 간다abstrac-tion' 등의 말이 그것들로 묘사되는 현상들 자체에 대한 인정이나 부정을 뜻하는 것처럼 받아들여서는 안 된다. 이 말들은 영리사업의 여러 이득의 원천을 나타낼 더 좋은 용어가 없어서 쓰고 있는 것이며, 한편으로는 산업과 보통의 자본주의적 영리 활동의 주고받는 관계, 그리고 다른 한편으로는 평범한 영리 활동과 높은 차원에서 움직이는 영리 활동의 주고받는 관계의 성격을 객관적으로 규정하기 위해서 쓰고 있는 것이다.

44 (옮긴이주) 《영리 기업의 이론》의 제5장 〈대부 신용의 활용〉을 말한다. 이 글은 그다음 장인 제6장이다.

45 (옮긴이주) 19세기 독일의 역사학파 경제학의 첫 세대였던 로셔Wil-helm Roscher와 힐데브란트Bruno Hildebrand는 인류의 경제사가 자연 경제Naturalwirtschaft–화폐 경제Geldwirtschaft–신용 경제Kreditwirtschaft의 세 단계로 진화하고 있다고 주장했다. 특히 로셔는 신용 경제의 확장이 단순히 화폐의 사용을 매개하고 촉진하는 기능뿐만이 아

니라 실제의 생산 과정에 투하되는 인적·물적 자원을 조직하는 기능—즉 자본 시장의 기능—또한 가지게 된다는 점을 강조하면서 신용 부문의 중요성이 자본주의 경제의 핵심을 차지하게 될 것임을 주장했다. 하지만 로셔는 여전히 고전파 경제학—특히 존 스튜어트 밀John Stuart Mill—의 경제 이론이 역사적으로 관철되는 것을 보여주는 것에 골몰했기에, 자본 시장에서 자본 자체가 매물로 나온다는 것에 착목하여 이론을 전개했다기보다는 자본 시장을 기본적인 '실물' 시장에서의 균형이 반영된 것 정도로 생각했음이 분명해 보인다. 따라서 자본 시장에서의 매물로 나온 자본의 거래의 중요성과 그것이 '실물' 경제를 포함한 전체 경제의 작동에 어떤 함의를 갖는가에 대한 논의는 베블런의 독창적인 발전이지 독일 역사학파의 논의를 빌려온 것은 아니라고 보아야 한다. 로셔의 신용 경제 이론의 성격과 한계에 대해서는 Michael Hudson, "Roscher's Victorian Views on Financial Development", *Journal of Economic Studies* 25(3-5)(1995)를 참조하라.

46 (저자주) 영리적 자본과 '산업적 자본', 즉 '자본재'의 구별은 Karl Knies, *Geld und Credit*, vol. I, ch. II, 40~60쪽에 설명된 바 있다. 몇몇 방향에서 이와 대단히 유사한 구별을 로드베르투스Rodbertus 에게서('사적 자본'과 '국민적 자본'), 뵘 바베르크Eugen von Boehm-Bawerk에게서('탐욕스러운 자본acquisitive capital'과 '생산적 자본' 혹은 '사적 자본'과 '사회적 자본'), 클라크J. B. Clark에게서('자본'과 '자본재') 발견할 수 있다. 현재 널리 받아들여지고 있는 이 용어의 정의가 여러모로 부족한 것을 보충하기 위해 다양한 저작이 비슷한 구별들을 행하고 있는 것이다. 이러한 여러 방식의 구별들은 지금 우리가 논하고자 하는 것과는 다른 목적에서 이루어진 구별들이므로 그 각각이 어떤 장점을 가지고 있는가는 우리의 관심사가 아니

다. 우리가 본문에서 행한 구별, 즉 널리 받아들여지고 있는 자본의 개념과 영리 기업가들이 쓰고 있는 자본의 개념의 구별은 경제 이론의 용어를 다시 만들기 위한 것이 아니라 그저 논의의 필요상 편의적으로 행한 것일 뿐이다. 이는 즉 사업가들이 관습적으로 '자본'이라는 말에 부여하고 있는 개념(어느 정도 명확한 정의를 갖추고 있다)을 우리가 단서를 달지 않고 그대로 받아들인다는 것과 같은 이야기이다. 페터F. A. Fetter 씨는 최근 '자본'이라는 말을 전문 용어로서 쓸 때에는 우리가 말하고 있는 '영리적 자본'과 사실상 같은 의미로 제한해야 한다고 말한 바 있다. 하지만 페터 씨의 '자본 개념'은 무형 자산을 포함하지 않는 것일 확률이 높다. 현실에서 자본 개념이 이렇게 구별되어 쓰이고 있다는 점은 산업 위원회Industrial Committee에 출석한 여러 다양한 증인들의 증언에서도 보이고 있으며, 또 그 위원회의 보고서 제13권인《증권Securities》편에도 나오고 있다.

47 (저자주) 쾨뢰시J. von Körösi처럼 능력 있는 최근의 기업 자본 연구자조차 이러한 고색창연한 선입견에 묶여 있었고 그 결과 그의 저작 또한 여러 문제를 안게 되었다. 다음을 보라. *Finanzielle Ergebnisse der Actiengesellschaften*, 3쪽.

48 (저자주) 이러한 현재 상태의 정황은 다양한 저자들이 여러 형태로 신봉하고 있는 다음의 잘 알려진 명제에서 은폐된 방식으로나마 드러나고 있다. 즉, 이론상으로는 장비의 비용을 자본화의 기초로 삼아야 하지만, 장비의 비용이란 곧 모든 유형 자산과 무형 자산을 포함하여 가치를 갖는 항목들 각각을 재생산하는 비용이라는 것이다.

49 (저자주) "최초의 자본을 화폐에 의한 납입 자본에만 의존한 회사와 99퍼센트의 할인율로도 전혀 현금으로 전환할 수 없는 주식만을 발행하여 재산을 마련한 회사가 있다고 했을 때 전자가 후자보다

더 좋은 상태에 있는 것이라는 생각을 가진 이들이 많습니다만 이보다 더 잘못된 망상이 없을 것입니다. 결정적인 문제는 그 회사가 특정한 거래가 벌어지는 일정한 시점에 자산의 크기가 얼마나 되느냐인데, 이를 확인하려면 그 당장의 시점마다 새롭게 조사를 벌이는 것밖에 방법이 없습니다." 스테트슨F. L. Stetson의 증언. *Report of the Industrial Commission*, vol. I, 976쪽. 또 다음을 참조하라. Edward Sherwood Meade, *Trust Finance*, ch. XVI · XVIII.

50 (옮긴이주)《영리 기업의 이론》제5장을 가리킨다.

51 (저자주) 법인 형태의 영리 기업, 특히 자신의 유가 증권들을 시장에 공개한 기업들에 있어서는 그 각각의 수익 창출 능력을 자본화의 실질적 기초로 받아들이는 것이 현실 세계에서의 관행이다. 이 실질적 자본화가 벌어지는 곳은 주식 시장이다. 하지만 법적 차원에서는 이러한 수익 창출 능력이라는 것이 자본화의 기초로 인정되지 않고 있으며 또 사업가들도 비록 실제 영업 활동에서는 항상 그것을 투자나 신용 확대 등의 의사 결정의 기초로 활용하기는 하지만 그것을 고정된 형식으로서 모두 다 받아들일 준비가 되어 있지는 않다. 다음을 참조하라. *Report of the Industrial Commission*, vol. I, 6 · 17 · 21쪽(Test. F. B. Thurber.) ; 967쪽(Test. F. L. Stetson) ; 585~587쪽(Test. H. H. Rogers) ; 110~111 · 124쪽(Test. H. O. Havemeyer) ; 1021 · 1032쪽(Test. J. W. Gates) ; 1054~1055쪽(Test. S. Dodd) ; vol. XIII, 287~288쪽(Test. H. Burn) ; 388쪽(Test. J. Morris) ; 107~108쪽(Test. E. R. Chapman). 법적 판례로는 *Quarterly Journal of Economics*(1903년 2월), 344~345쪽의 "The Holyoke Water Case"를 보라.

52 (저자주) 최근 여러 경제학자들이 이러한 무형 자산이 그 소유자에게 가져다주는 이득을 '지대' 혹은 '준지대'라는 제목 아래에서 논하

고 있으며, 이러한 논의는 이론적으로 대단히 중요한 것이라고 믿어지고 있다. 하지만 영리 활동의 관행에서 보자면 이러한 항목들은 자본으로 취급되고 있다. 영리적 자본에 대한 우리의 논의에 이 항목들을 포함시킨 것도 이 점을 빌려 용납될 것이라고 믿는다.

53 (저자주) 뵘 바베르크의 '사적' 자본과 '사회적' 자본의 구별과 클라크의 '자본'과 '자본재'의 구별을 비교해보라.

54 (저자주)《영리 기업의 이론》제3장을 보라.

55 (저자주) 물론 해당 주식회사의 장부에는 보통주나 마찬가지로 차변借邊의 항목으로서 기입된다. 하지만 이는 회계상의 기술적 편의를 위한 것일 뿐 실질적인 문제에 관련된 것은 아니다.

56 (저자주) 산업 위원회에서 나온 증언 가운데에 '자본화capitalization' 문제에 대한 다양한 증언들을 보라. *The Industrial Commission*, vols. I · IX · XIII.

57 (옮긴이주) 우선주의 주주들은 일반적인 보통주의 소유자들보다 두 가지 점에서 우선권을 갖는다. 첫째, 회사의 주식 배당금을 배분할 적에 우선순위를 갖는다. 둘째, 회사가 청산을 하게 될 경우 그 자산에 대해 채권자들에 이어 보통주 주주들보다 먼저 청구권을 가지게 된다. 첫 번째 성격은 누적cumulative 우선주에서 잘 드러난다. 주식회사의 입장에서는 채권자들에 대한 이자의 변제가 가장 우선적이므로 기업의 실적의 부침에 따라 그것을 갚고 나면 우선주 주주들에게 약속된 비율의 배당금을 배분하지 못할 경우가 있다. 이 경우 그해에 지급되지 못한, 예를 들어 7퍼센트의 우선주 배당금은 미래로 누적되어 이를테면 다음 해에 실적이 개선될 경우 우선주 주주들은 14퍼센트의 배당금을 가져가게 되며, 보통주의 주주들의 배당금은 그 나머지로 결정되게 된다.

58 (저자주) 이러한 예는 무척 많지만, 영구적 성공과 기업 가치의 안

정을 위해 보수적이면서도 최신의 방식으로 조직된 주식회사로서 '고무 제품 제조 회사the Rubber Goods Manufacturing Company'의 예를 들 수 있을 것이다. 현재 이 회사의 인증된 주식 발행을 보면 7퍼센트의 누적 우선주가 2,500만 달러이며 보통주가 2,500만 달러이다. 하지만 1901년의 실제 주식 발행을 보면 유형 자산의 가치를 기초로 삼는 것으로 상정된 우선주는 약 800만 달러에 불과했고 보통주가 1,700만 달러였던 것이다. 이 회사의 발기인(플린트C. R. Flint)이 조직했던 또 다른 합병 회사인 '미국 치클 회사American Chicle Company'도 동일한 일반적 특징을 보여준다. 이 회사의 우선주(300만 달러)는 "어림잡은 수치로 유형 자산의 양의 3배였다". 그런데 보통주(600만 달러)는 유형 자산을 전혀 대표하지 않는 것이었다. 자본화 가치의 총계는 결국 유형 자산의 약 9배가 되는 것이다. 의회 청문회 증인들의 말에 의하면 이 주식회사는 여러 정황 속에서 80퍼센트로 상정되어 매매되고 있는 그 "보통주의 배당금으로 8퍼센트만을 지급함으로써 보수적인 기조"에 있음이 입증되었다. *Report of the Industrial Commission*, vol. XIII, 47 · 50쪽.

59 (저자주) 보통주와 우선주가 각각 무엇을 대표하는가를 이렇게 따지는 것은 이론상으로나 의미를 가지는 것이라고 비판할 수 있을 것이다. 이런 식의 정의는 이 문제를 직접 다루는 사업가들이나 취하는 관점이라는 의미에서 말이다. 현실에서는 일단 주식이 상장되고 나면 보통주와 우선주를 이런 성격으로 구별하는 것이 아무런 의미가 없으며 또 의미를 가질 수도 없다는 것이다. 다르게 말하자면, 일단 주식이 공모의 단계를 거쳐서 시장에서 구매자의 손으로 들어가고 나면 모든 주식은 무차별하게 그저 그 기업의 총계된 자본 가치에 대한 이해를 대표하게 될 뿐이며, 따라서 그 기업의 부를 구성하는 개별 항목의 재산들이 어떤 주식 또는 어떤 형태의 유가

증권으로 각각 대표되는지를 따지는 것이 더 이상 불가능해진다는 것이다.

상황을 액면 그대로 보면 이러한 주장이 옳은 것처럼 느껴지지만, 우리가 본문에서 취한 관점을 지지하는 사실들이 현실에 존재한다. 예를 들자면, 어떤 주식회사의 굿윌의 가치에 직접 영향을 줄 만한 상황이 생길 때에 가장 먼저 그리고 가장 결정적으로 영향을 받는 것이 보통주의 주가라는 점은 잘 알려진 사실이다. 만약 어떤 기업이 예를 들어 자신을 독점적 위치에 올려놓는다든가 또는 자신의 제품에 대한 시장 수요를 크게 신장시킨다든가 하는 등의 책략으로 자신의 굿윌의 가치를 급작스레 큰 폭으로 올릴 경우 그 기업이 새로 가지게 된 이득을 측량하고 또 기록해주는 것은 보통주의 시세이다. 또 마찬가지로 보통주의 시세의 등락은 이러한 무형 자산의 가치에 영향을 주기 위해 행해지는 여러 작전의 도구가 되기도 한다. 그런데 또 이러한 규칙이 정확하게 관철되지 않는 경우도 있다. 예를 들어 기업이 청산을 겪는 경우, 그 기업의 자본이 심하게 줄어든 나머지 무형 자산까지 합쳐도 그 자본 전체가 발행된 회사채의 총 청구액 이상이 못 되는 경우도 있는 것이다. 하지만 사실의 측면에서 보아도, 보통주가 무형 자산의 가치를 대표한다고 보는 것이 설득력이 있다는 사업가들의 (이론적) 선입견은 크게 보아 매일매일의 경험을 통한 상당한 근거를 가지고 있는 것이다.

이렇게 비물질적 자산을 기초로 하여 사회의 물질적 장비를 조직하고 경영하려고 노력하는 오늘날의 영리 활동 세계와 이자 붙는 대부와 관련하여 활동에 여러 지장과 난관을 겪어야 했던 중세의 영리 활동 세계에서 흥미로운 유사점이 발견된다는 것을 지적하고 싶다. 양쪽 모두에서 영리 활동 세계는 여러 전례 없는 절박한 사정들에 맞닥뜨리게 되었고 또한 그런 절박한 사정들을 해결할 수 있는 여러 고안 장치들을 용납하지 않는 대중들의 전통적 편견에 맞닥뜨려야 했던 것이다. 중세 세계의 경우, 생산에 들어가는 여러 재화를 경영하는 일이나 또 그것들을 사용하여 얻게 되는 이윤 모두가 그 사용자들에게 돌아가야 한다는 전제가 지배하고 있었다. Ashley, *Economic History*, vol. I, ch. III ; vol. II, ch. VI ; Endemann, *Die nationalökonomische Grundsätze der kanonistischen Lehre* 참조. 그리고 현대 세계의 경우에는 장비의 경영은 물론 그러한 경영에서 생겨나는 이득이 모두 그 소유자에게 돌아가야 한다는 전제가 지배하고 있다. 그런데 현대의 영리 활동 세계는 여러 절박한 필요들과 대면하다 보니 물질적 장비의 경영을 그 소유자들이 아닌 다른 사람들에게 넘겨야 하며 거기서 나오는 이윤도 그 기업을 금융적 차원에서 경영한 이들에게 대부분 돌려야 한다는 것을 관행으로 굳히게 되었다. 이러한 결과를 가져오도록 적극적으로 추구하는 중에 나온 고안 장치가 바로 무형 자산이라는 허구 그리고 우선주로 대표되는 몰인격적이고도 취소 불가능한 신용 확장이라는 허구이며, 그 취지는 소유와 경영을 분리시키는 데에 있는 것이다. 이는 '신용 경제'를 일관되고도 완벽하게 완성하면 필연적으로 나오게 되는 결과이니, 산업의 물질적 장비의 경영권이 비물질적 부를 소유한 자들, 즉 그 장비를 경영할 권리를 소유한 자들의 손으로 떨어지게 된다. 이 소유자들이 경영을 장악해야 한다는 편견이 요즘도 나오고 있지만, 경영자들의 경영권이 일정한 산업적 가치를 가지고 있는 것 같은 허구가 꾸며지고 또 그런 경영권 덕분에 소유자들이 더 얻게 되는 차등적 이득을 기초로 삼아 그 경영권 자체를 자본화하기도 하면서, 그렇게 소유자들이 경영권을 가져야 한다는 주장은 묵살되어 버린다.

60 (저자주) 또 다음을 참조하라. E. S. Meade, *Quarterly Journal of*

Economics(1902년 2월), 217쪽 이하에서 개진되고 있는 논의는 '굿 월'의 크기가 어떻게 변할 수 있고 또 아예 없어져버릴 수도 있는 가를 다루고 있다. 또 이와 동일한 일반적 주제를 다루고 있는 것으로 W. F. Willoughby, "Integration of Industry in the United States", *Quarterly Journal of Economics*(1902년 11월)를 보라.

61 (저자주)《영리 기업의 이론》115쪽을 보라.

62 (저자주) 명목 자본을 cap'라고 했을 때, 그 크기는 cap에다가 그것 의 신용적 요소를 감안한 cap/n를 더한 것이 되므로 cap보다 항상 커진다. 즉, cap'=cap+cap/n 〉cap이다. 〔(옮긴이주)《영리 기업의 이론》제5장 95쪽에서 베블런은 자본가들이 자신의 자본을 담보로 하여 더 많은 자금을 대부받아 자본회전율turnover의 크기를 불리는 관행을 논하면서, 그것이 자본 축적의 관점에서 보면 새로운 기술을 받아들여 회전 기간을 단축하는 것과 동일한 효과를 가진다는 점을 지적하고 있다. 이때 그 신용을 통해 추가적으로 대부받는 자금의 크기는 자기 자본인 cap의 크기와 어떤 고정된 관계를 설정할 수 없다는 점 때문에, cap의 정해지지 않은 분수의 크기인 cap/n로 표현하고 있다.〕

63 (저자주) mat'=mat+(1/n)(cap/n) 〉mat. 여기서 mat'는 물질적 장비 의 현재 시장 가치로서, 신용적 요소를 감안한 cap/n로 인하여〔(옮 긴이주) 주 62의 옮긴이주 참조〕그 물질적 장비에 대한 경쟁적 수 요가 올라감에 따라 그 가치도 그만큼 올라가게 되는 것이다. 이러 한 현대적 영리 활동의 편의적 발명품 덕분에 생겨나는 중대한 이 차적 편익들 중 특히 주목해야 할 것 중 하나가 주식회사적 금융이 공동체 전체의 명목적 부 총액에 가져오는 효과이다. 어떤 공동체 가 소유하고 있는 물질적 부의 경우 그 공동체가 소유한 물질적 항 목들이 전혀 늘어나지 않는다고 해도 전체로서 보면 그 산업 장비

가 더 많이 주식회사의 방법으로 경영되고 자본화될수록 그 공동체는 더욱 풍족한 자본을 가지게 되는 것이다. Twelfth Census of the United States, "Manufactures", pt. I, xcvi쪽 참조. 이렇게 그 공동체의 영리 기업들을 주식회사의 형태로 법인화한다는 아주 간단한 발명품에 의해서 부가 이런 식으로 별 대가를 치르지 않고도 (평균 약 2배 정도로) 증가할 수 있는 것이다. 다른 조건들이 동일하다면, 주식회사적 금융 기법이 고도로 발달하고 또 더 광범위하게 쓰이게 될수록 통계상의 자본의 양이라는 관점에서 그 공동체는 더욱 부유해지게 되는 것이다. 그리고 이 경우에 관련된 물질적 차원의 사실 관계는 그 동일하다고 가정된 '다른 조건들'의 하나가 된다.

64 (옮긴이주) 주 45 참조.

65 (옮긴이주)《영리 기업의 이론》제4장 참조.

66 (저자주) 여러 재화 시장에서 매매되는 상품들은 생산 과정의 결과물이며 물질적 생활의 목적을 위해 쓸모를 갖는 것들이다. 반면 자본 시장에서 매매되는 것들은 자본 가치 평가 과정의 결과물이며 금전적 이득이라는 목적을 위해 쓸모를 갖는 것들이다.

67 (저자주) Karl Marx, *Kapital*(4th ed.), bk. I, ch. IV 참조.

68 (저자주) 자본화의 가치에 영향을 끼치지만 예측할 수도 없고 계산할 수도 없는 항목들을 무시한다면, 실질적 자본effective capital=명목자본nominal capital의 현재 시장 가치=예상 수익 창출×자본 구입 기간이라고 말할 수 있다.

만약 명목 자본을 cap', 실질적 자본을 cap, 연간 예상 수익을 ea', 자본화된 재산의 구입 기간years' purchase을 yp=1/연간 이자율(int)로 놓는다면, cap'=ea'×yp=ea'/int라는 식을 얻을 수 있으며, cap는 cap'보다 클 수도 있고 작을 수도 있다. 〔(옮긴이주) 원문에는 명목자본과 실질적 자본이 각각 cap와 cap'로 반대로 표기되어 있다. 하지만 본문의 내용에서도 그렇고,《영리 기업의 이론》전체에 걸쳐서도 cap′는 명목 자본의 가치를, cap는 실질적 자본의 가치를 나타내는 기호로 쓰이고 있다. 따라서 이는 오식誤植이라고 판단된다.〕

어떤 주어진 경우마다 이 cap′와 ea′ 사이의 방정식은 여러 변동 요인들로 교란된다. 이 교란 요인들은 방정식에 포함할 수 없지만, 그러한 한정을 붙인다면 cap′=f(ea′/int)라는 함수는 여전히 유효하다. 〔(옮긴이주) 최근 조너선 닛잔Jonathan Nitzan과 심숀 비클러Shimshon Bichler는 이 변동 요인들을 리스크와 '미래 가치hype'로 총괄하여 자본화의 공식을 다음과 같이 표현했다. 자본의 가치를 A, 미래의 수익 흐름을 π, 할인율을 r, 리스크를 R, '미래 가치'를 h라고 했을 때, $A = \pi \times h / (r \times R)$가 된다는 것이다.〕

69 (옮긴이주) 이 점에서 베블런의 자본 축적 이론이 (신)고전파, 특히 마르크스주의 경제학의 그것과 갖는 차이를 강조하고자 한다. 후자의 이론은 자본을 생산 과정에의 투입물이자 생산 과정에서 노동자의 노동을 죽은 노동으로 전유 즉 착취하여 쌓아놓은, 생산 과정의 '생산물'임을 강조한다. 즉 이는 현 시점에서의 자본의 축적을 평가함에 있어서 과거에 벌어진 생산 과정의 결과물로서 바라보는 것이기에, 본문에 개진된 베블런의 '미래 지향적' 자본 축적 이론과 그 시간 지평이 반대이다. 앞에서 베블런이 마르크스의《자본론》1권 4장에 나오는 자본의 순환을 언급하고 있으나 그것을 해석하는 방식은 정반대인 셈이다. 마르크스의 경우 자본 순환의 결과물인 M′의 잉여분이 그 이전에 벌어진 생산 과정의 결과물임을 강조하는 데 반하여, 베블런은 이 순환 과정 안에 자본의 축적이 존재한다고 보지 않고 그것 전체가 영속 기업의 가정으로서 미래에 계속되는 것의 현재 가치를 축적으로 이해하고 있는 것이다.

70 (저자주) 대충 이러한 것이 대부분의 영리사업가들이 회계 장부의

공개에 한사코 저항하는 이유이다. 철도업처럼 회계 장부를 아주 손쉽고도 효과적으로 고칠 수 있는('치료한다doctor') 곳에서는 회계 장부의 공개에 대해서도 보통 그 저항이 덜한 편이다.

71 (옮긴이주) 공매도sell short란 자신이 소유하지 않은 주식을 직접 매입하지 않고도 소유자와의 미래의 대부 계약 등의 형태로 구입하여 매도하는 것을 뜻한다.

72 (저자주) 예를 들어 Eberstadt, *Deutsche Kapitalsmarkt*를 참조하라.

73 (옮긴이주) 베블런이 《영리 기업의 이론》을 저술한 20세기 초까지 이 '내부자 거래'는 미국 자본주의에서 대단히 광범위하게 행해졌던 일이며, 연방대법원도 기업 이사가 '특별한 상황'을 제외하고는 기업 정보를 공개할 의무가 없다는 입장을 견지하고 있었다. 물론 오늘날 이러한 '내부자 거래'는 대부분의 나라에서 감독 대상이다. 하지만 미국에서도 이것이 주법이 아니라 연방법에 의해서 본격적으로 규제되기 시작한 것은 1960년대의 일이라는 것을 기억해야 한다. '1934년의 증권 거래법Securities Exchanges Act of 1934'이 비록 그 법적 기초를 마련하기는 하지만, 기업 정보의 공개 의무가 부과되는 것은 직접적인 거래 상대방과의 관계에 한정된 것이었다.

74 (저자주) 물론 '화폐 경제'에서도 어느 산업 기업의 자본이든 매물로 나올 수 있었지만, 당시에는 이것이 비교적 어려운 일이었다. 반면 현대의 주식회사 자본에 있어서는 그것이 매물로 나오기가 훨씬 용이해졌다는 것이 너무나 특징적이고도 중대한 요소가 되어 있고 또 이 점이 구식의 영리사업 방법과의 너무나 폭넓은 대조점들을 가져오는 것이기에, 주식회사 자본이 매물로 나올 수 있다vendibility는 말은 각별히 현대 주식회사 자본에 적용되는 것으로서 이야기하는 것이 정당할 것이다. '지주 회사holding company'는 산업적 영리 활동에 있어서 이렇게 자본을 매물로 삼는 거래가 완숙한 형식으로

발전된 것이다.

75 (저자주) 덧붙이자면, 자본회전율의 문제(《영리 기업의 이론》 95쪽 이하를 보라)가 현대 주식회사적 금융의 상황에서는 산업 과정의 기간과 그 산출량 및 가격의 문제가 아니게 된다는 것을 주목할 필요가 있다. 이는 상당 부분 한편으로는 산업에 투하된 자본의 구매와 판매 시기의 간격의 문제가 되며 또 한편으로는 실제의 수익 창출 능력과 추측되는 수익 창출 능력 간의 불일치하는 크기의 문제가 되는 것이다.

따라서 《영리 기업의 이론》 95쪽에 제시한 정식은 다음과 같이 된다. 자본회전율=(자본/시간)×(실제 수익 창출 능력/n=수익 창출 능력에 대한 추측-실제의 수익 창출 능력)

여기에서 자본은 그것을 운전하는 이가 그 기업의 유가 증권에 투자한 자금의 양이며, 시간은 그 유가 증권의 구매와 판매의 시간 간격이며, 수익 창출 능력에 대한 추측은 실제의 수익 창출 능력을 초과하는 것으로 여겨지지만 그 초과량을 정확하게 결정할 수는 없다.

76 (저자주) 《영리 기업의 이론》 제3장을 보라.

77 (저자주) 《영리 기업의 이론》 제5장을 보라.

78 (저자주) Emery, "Place of the Speculator in the Theory of Distribution". 미국 경제학회American Economic Association 12차 연례학회 발표문. 또 이 발표문에 대한 '토론문'을 참조하라.

79 (저자주) 위의 에머리 씨의 발표문에 잘 나타나 있다.

80 (저자주) 《영리 기업의 이론》 154쪽을 보라.

81 (저자주) 굿윌이나 신용 확대에 대해 일반적으로 해당되는 것들이 이러한 더 큰 사업가들의 굿윌과 신용의 유리함에도 그대로 해당된다. 즉 이들이 굿윌과 신용에 있어서 유리한 위치에 있기에 다른 사업가들에 대해 차등적인 유리함과 차등적인 이득을 얻게 된다는

것이다. 주식회사적 금융 거래에 있어서 이러한 차등적인 이득은 그 즉시 자본의 형태를 다시 취하게 되며 그럼으로써 공동체 전체의 명목상의 자본화된 부에도 더해지게 된다. 이렇게 자본화된 형태를 취한 차등적 이득이라는 것이 그 소유자에게 주는 이익은, 이미 존재하고 있는 만큼의 부를 놓고 거기에서 가져갈 수 있는 청구권의 몫을 더 늘려준다는 데 있다. 만약 다른 조건들이 동일하게 멈춰 있다고 가정한다면(물론 이는 사실과 다를 수 있다), 이렇게 대금융가들이 자신의 굿윌과 신용 확대의 능력을 기초로 하여 얻는 청구권을 법적으로 실현할 경우 실물적 부의 차원에서 계산해보면 그 금액에 해당하는 만큼의 부를 그것을 원래 보유하고 있던 공동체의 타인들로부터 빼내오는 것이 된다. 물론 화폐 가치로 계산해보자면 그 이전 보유자들의 소유물의 가치가 하락을 겪는 것은 아니다(또 그럴 필요도 없다). 왜냐하면 비록 부의 전체 덩어리 총량은 그 전과 바뀌지 않은 상태에서 그 덩어리에 대한 청구권의 가치 총량만 증가한 것이기는 하지만, 그 새로운 청구권이란 것이 자본화된 가치 단위의 증가라는 형태를 띠고 있기 때문이다. 몇몇 부의 항목들은 그 물질적 크기는 이에 비례하여 감소하게 되지만, 이는 빈곤화라는 느낌으로 다가오지는 않는다. 왜냐하면 이러한 현상이 그 항목들의 명목 가치 하락이라는 형태를 띠는 것은 아니기 때문이다.

이렇게 다른 사업가들에 대한 차등적 이익을 자본화하여 생겨나는 이득은 거대한 '저축'과 자본 증가의 결과를 낳게 된다. 금융가들(사업가들entrepreneur)이 이런 식으로 끌어낸 부는 거의 전부 자본으로 보유되며 생활비로는 그중 극히 일부만이 소비될 뿐이다. 그래서 이 모험적 사업가들undertakers의 이윤은 현대적 조건에서 자본화된 형태의 저축이 의존하는 가장 주요한 정상적 원천이라는 강력한 주장이 제기되었고, 여기에 나타난 방법은 그러한 저축이 현실화되는 가장 주된 방법인 듯하다. 이러한 연관에서 볼 때 지극히 의미심장한 토론이 비르크L. V. Birck가 1901년 12월 덴마크 경제학회Danish Economic Association에서 발표한 논문("Driftsherrens Geviust")에서 제기된 바 있다. 그보다 더욱 직접적으로 이러한 논지가 다루어진 것은 비르크 씨의 논문에 대한 쇼우V. Schou의 토론문이다〔*Nationalökonomisk Tidsskrift*(1902년 1~2월), 76 · 78~80쪽을 보라〕. 클라크J. B. Clark는 지금까지 글로 출간되지 않은 여러 강연에서 쇼우와 상당히 비슷한 분석 방식을 따르고 있지만 쇼우만큼 상세한 논의를 하고 있지는 않다.

이렇게 재자본화와 저축이 결합되는 과정은 다음과 같이 정식화할 수 있을 것이다. 기업 합병을 거치게 되면 그 재산물들의 최초 가치(cap)는 보통의 경우 재자본화를 거치면서 일정한 만큼(Δ) 증가하며, 그 재산물들의 실질 가치effective value는 $cap+\Delta$가 된다. 재산의 가치를 실질 단위effective units로 표현한 것을 Ue라고 하면 그 재산물들의 증가된 실질 가치는 $Ue(cap+\Delta)$라고 쓸 수 있다. 그리고 재산의 가치를 명목 가치로 표현한 것을 Un이라고 한다면 Un은 Ue를 명목적으로 표현한 등가물이라 할 수 있으며, 재자본화를 거치면서 증가를 겪은 재산물들의 실질 가치는 명목 가치인 $cap'=Un(cap+\Delta)$으로서 자본화된다. 기업 합병을 거치게 되면 그로 인해 수익 창출 능력이 증가한다고 가정되므로 그 소유자들에게도 새로운 일종의 무형 자산의 요소가 돌아가게 된다. 따라서 재자본화 과정에서 자본화되는 단위들의 숫자도 그만큼 늘어나게 된다. 이러한 합병으로 인해 생겨나는 굿윌의 요소를 co라고 부르자. 또 여기에 합병으로 생겨난 새 회사의 발기인promoter에게 보너스가 덧붙게 되는데, 이는 새로운 자본화 과정에서 그들에게 돌아가는 한 덩어리의 주식의 형태를 띠며 이를 pro라고 하자. 그러

면 $Un(cap')Un(cap+\Delta)Un(cap+co+pro)$가 된다. 따라서 이 pro
의 명목 가치인 $Un(pro)Un(cap'-cap-co)Un(\Delta-co)$가 되며, 이
는 그 발기인들에게 $Ue(\Delta-co)$로서 보장된 이득임이 맹백하고, 이
는 다시 실질 가치인 $Ue(cap+\Delta)$의 일부인 것이다. 발기인들은 자신
들의 몫으로 돌아온 실질 가치인 $Un(pro)$를 자본화된 형태로 저축
하는 셈이 된다. 그 이전 소유자들에게 돌아가는 몫의 실질 가치는
어떻게 될까. 그들의 몫의 실질 가치인 $Ue(cap+\Delta-pro)$는 재자본화
되기 이전의 최초의 재산물의 실질 가치인 $Ue(cap)$보다 클 수도 있
고 작을 수도 있는데, 이는 재자본화를 거치며 늘어난 실질 가치인
$Ue(\Delta)$가 발기인들이 가져가는 몫의 실질 가치인 $Ue(pro)$보다 크냐
작으냐에 따라 결정된다. 결국 소유자들이 얻는 이득의 명목치인 co
는 실질적인 이득일 수도 아닐 수도 있는 것이며, 이를 결정하는 것
은 발기인들이 합병으로 생겨나는 실질 가치의 증가분인 Δ를 사태
진전에 따라 전부 빨아먹어 버리느냐 아니냐에 달린 것이다. 따라
서 소유자들이 얻는 이득이 있느냐라는 것은 아주 애매한 것일 수
밖에 없다. 이는 사태 진전에 따라서 자본화된 형태의 저축의 실질
적 부분이 될 수도 있고 아닐 수도 있는 것이다.

결국 이러한 거래의 결과로 이루어지는 저축의 궁극적 원천이 무엇
인가는 증가분 Δ의 구성에 따라 결정된다. 만약 Δ가 전적으로 합병
에 따라 생산에서 발생하는 규모의 경제로 이루어져 있다면, 그 합
병 거래의 결과 발기인들과 이전 소유자들이 새로 보유하게 된 자
본화된 형태의 저축은 그 합병의 생산력 증가로 공동체 전체의 부
총계에 늘어난 혹은 저축된 새로운 가치를 대표하는 것인 셈이다.
만약 Δ가 전적으로 합병을 통한 독점의 이점이라는 굿윌로 구성되
어 있다면 그 저축은 공동체가 희생하여 그 발기인과 소유자들에
게 이득이 돌아가는 식으로 이루어지는 것이다. 그렇다면 이는 공

동체의 입장에서 보면 비자발적 혹은 무의식적 저축인 셈으로서, 이 과정에서 공동체 전체의 부의 일부가 그 재자본화를 거친 주식회사의 손으로 넘어가게 되는 것이다. Δ가 이 두 가지 요소가 섞여서 구성될 경우의 결과는 지금까지의 논의에서 충분히 알 수 있다. 다른 한편 Δ=0이어서 cap'= cap가 될 경우에는 발기인의 저축의 몫인 pro는 그 이전 소유자들의 희생을 통해 보장된다. 즉 이들의 몫인 Ue(cap'-pro)=Ue(cap+(Δ=0)-pro)⇨Ue(cap-pro)가 되는 것이다. 반면 만약 Ue(pro)=Uc(Δ)일 경우에는 Ue(co)=0이 되며, 본래의 소유자들은 비록 명목적인 자본화 가치가 증가한다고 해도 아무런 실질적 이윤도 손해도 보지 않게 되는 것이다.

82   (저자주) 이 분야에서의 '굿윌'이란 다른 금융가들 및 금융 업체들이 자기들이 벌이고 있는 것과 비슷한 책략에 착수했을 때에 그것을 크게 돕거나 크게 훼방할 수 있는 능력 혹은 스스로 그 판에 끼어들어 수지맞는 금융 거래를 벌일 수 있는 능력이라는 형태를 띠는 경우가 대단히 빈번하다. 금융가들의 업계란 보통 상당히 경계가 뚜렷한 몇 개의 파벌들로 나뉘어 있기 마련이다. 그 각각의 내부는 수많은 금융 업체들과 금융가들을 복잡하게 엮는 광범위한 관계망으로 구성되어 있으며, 그 여러 구성원들은 어느 정도 일정하게 정해져 있는 합의와 협약 아래에서 서로서로를 밀어주게 된다. 이렇게 일정하게 정해진 합의와 협약이 그 아래에 있는 금융가들의 '굿윌'의 큰 부분을 차지하는 것이다.

83   (저자주) 이러한 범주의 굿윌이 매물로 나온 자본의 창출과 맺는 관계는 어떤 산업적 주식회사의 자본화된 굿윌이 시장에 매물로 나온 생산물의 창출과 맺는 관계와 유사하다.

84   (저자주) 첨가하여 이야기하자면, 이러한 굿윌의 항목을 자본화하지 않게 되면 이는 사실상 개인 재산세의 회피라는 문제를 낳게 되

므로, 도덕적 견지에서 볼 때 문제가 될 수 있다.

물론 제이피모건 회사의 경우를 여기에 특별한 사례로서 들고 있는 것은 아니다. 이와 똑같은 종류의 대단히 중요성이 큰 경우들이 무수히 많았던바, 제이피모건 회사의 경우는 단지 그 전형적이고도 충격적인 사례로 언급하는 것뿐이다.

85   (저자주) 이렇게 영리사업적인 통제가 실제로 일을 하는 사람의 효율성과 유리되며 또 산업 시설의 소유나 그 직접적 접촉과 유리된다는 점에서 현재의 상황은 피상적이나마 봉건 체제와의 유사성을 가지고 있다. 즉 공동체의 이해와 공동체의 일상생활이 그 공동체의 일을 맡아보는 주인과 맺는 관계의 성격이 비물질성을 띤다는 한에서 말이다. 최근의 경제적 사태 전개를 봉건주의의 용어로 해석하려는 시도가 있었거니와, 이 점에서 볼 때 이에도 일정한 개연성이 부여되는 것이다. 다음을 보라. William James Ghent, *Our Benevolent Feudalism*.

86   베블런의 삶과 연구를 다룬 고전적 저작으로는 Joseph Dorfman, *Veblen and His America*(New York : Kelley, 1961)를 보라. 또 Max Lerner, "Introduction", *Portable Veblen*(New York : Viking, 1964)을 보라. 이 글은 특히 베블런이 '냉소적인 방관자'였다는 통설과 달리 사회 현실의 개혁에 대한 깊은 열정을 가진 사람이었다는 사실을 당시의 미국 정치경제의 흐름과 함께 설득력 있게 설명하고 있다. 도프먼Joseph Dorfman의 저서는 분량과 깊이에 있어서 고전의 위치를 차지하고 있지만, 보다 짧고 요점 있는 저서로는 Douglas Dowd, *Thorstein Veblen*(New Brunswick : Transaction, 2000)을 보라. David Riesman, *Thorstein Veblen*(New Brunswick : Transaction, 1995)은 1950년대에 미국 사회과학계에서 유행한, 어떤 역사적 인물의 사상과 행적을 그의 유년기의 정신분석학적 배경에서 설명한다는 방

법을 깔고 있으며, 여러 군데에서 저자가 개입해 베블런 사상을 자의적으로 '체계화'하려 한 흔적이 있다는 결점을 안고 있다.

87 베블런의 '경제학' 이론을 중심적으로 볼 수 있는 저서로는 그의 주저라고 할 *The Theory of Business Enterprise*(New Brunswick : Transaction, 1978〔1904〕)와 *Absentee Ownership : Business Enterprise in Recent Times : The Case of America*(New Brunswick : Transaction, 1997〔1923〕)를 들 수 있다. 또 *Essays in Our Changing Order*(New York : Viking, 1934)와 *The Place of Science in Modern Civilization and Other Essays*(New York : Russell and Russell, 1961)에 실린 그의 논문들은 경제 이론을 직접적으로 다루고 있다. *Absentee Ownership*을 제외한 베블런의 거의 모든 저작은 http://de.geocities.com/veblenite/works.htm에서 구할 수 있으며, *Absentee Ownership*은 구글의 도서관에서 무료로 볼 수 있다. 이하 이 웹사이트에서 찾아볼 수 있는 논문과 책들은 서지 사항 제시를 생략한다.

88 《유한계급론》은 물론 베블런의 이론 체계를 이해하는 데 중요한 저작이다. 하지만 이 최초의 저작은 이후 베블런이 출간하는 본격적인 자본주의 정치경제 분석에 앞서서 그 문화적·정신적 태도를 다루는 일종의 서장과 같은 위치를 차지한다고 볼 수 있다. 따라서 이 《유한계급론》만이 번역·출간되었다는 것은 베블런의 이론에 접근하는 데 있어서 주객이 전도된 감이 있다. 이는 좀바르트의 이론을 논하면서 그의 주저인 《근대 자본주의*Das Moderne Kapitalismus*》를 빼놓은 채 문화적 측면을 다룬 작은 저작인 《사치와 자본주의*Luxus und Kapitalismus*》만을 논하는 것과 마찬가지 이치이다.

89 《자본론》1권은 1867년에 출간되었고, 2권 및 3권의 초고는 1권보다 먼저 집필되었다.

90 Geoffrey Barraclough, *Introduction to Contemporary History*(Ha-

mmondsworth : Penguin, 1962). 또 19세기 전반기의 영국 산업 혁명을 넘어 19세기 후반과 특히 2차대전 이후까지의 이 '2차 산업 혁명'의 기술적 변화에 대해 서술한 책은 David Landes, *The Unbound Prometheus : Technological Change and Industrial Development in Western Europe from 1750 to the Present*(Cambridge : Cambridge Univ. Press, 1969).

91 이 독점 자본가들 스스로가 선호한 경제적 교리는 신고전파 경제학과는 거의 대극에 있는 것이었다. 이들은 '자유 경쟁'에 기초한 시장이란 자본주의 자체를 위태롭게 하는 것이며 오히려 거대한 독점체들의 영향력의 통제 아래 놓여 있는 조직된 자본주의가 필요하다고 믿었던 것이다. 이는 이미 애덤 스미스Adam Smith로부터 내려온 (신)고전파 경제학의 과학적 공리들이 20세기 초부터 체계적으로 현실과 괴리되기 시작했음을 잘 보여준다. Michael Perelman, *The End of Economics*(New York : Routledge, 1996)를 보라.

92 베블런은 처음에 철학자로서 연구를 시작했으며, 그의 박사 논문 또한 칸트 철학에 대한 것이었다. 따라서 그의 과학적 방법론의 배경에는 당대와 유럽 전통의 여러 철학적 주제들에 대한 고찰이 깔려 있지만, 이것이 잘 논의되지 않았다. 이를 집중적으로 다룬 저서는 Lev E. Dobriansky, *Veblenism : A New Critique*(Washington D. C. : Public Affairs Press, 1957).

93 앞에서 제시한 세 가지 자본 이론은 '물질주의적' 편향 때문에, 2차대전 이후 본격적인 자본 이론 논쟁에 휘말리면서 모두 이론적으로 큰 난관에 봉착하게 된다. 1960년 피에로 스라파Piero Sraffa가 《상품에 의한 상품 생산The Production of Commodities by Means of Commodities》을 출간하고 '결합 생산'과 '재전환reswitching' 문제를 제기하자 그 여파로서 소위 '케임브리지 논쟁'으로 알려진 자본 이론 논쟁과

1970년대의 이언 스티드먼Ian Steedman의 노동 가치론 비판이 벌어지게 된 것이다. 신고전파 자본 이론은 그 결과 폴 새뮤얼슨 스스로가 하나의 '우화fable'에 불과한 것임을 인정하게 되고, 마르크스주의 경제학의 가치론은 이후 '추상 노동 가치론' 등의 방향을 모색하지만 돌파구를 찾지 못하고 있다. 자세한 내용은 심숀 비클러·조녀선 닛잔, 《권력 자본론 : 정치와 경제의 이분법을 넘어서》, 1부 참조. '케임브리지 논쟁'과 스라파의 '재전환' 문제에 대해서는 E. K. 헌트, 《경제사상사》 2권, 김성구 옮김(풀빛, 1995)을 참조. 흥미로운 것은, '케임브리지' 논쟁의 영국 측 주장이었던 존 로빈슨이 자신의 논점이 이미 베블런의 논문들, 특히 "Professor Clark's Economics"에서 선취되고 있음을 발견하고 놀랐다고 말했다는 점이다. 오스트리아학파의 자본 이론에 대한 베블런의 비판은 "Boehm-Bawerk's Definition of Capital and the Source of Wages"에, 피셔의 자본 이론에 대한 베블런의 비판은 "Fisher's Capital and Income"에 나와 있다.

94 "Preconceptions of Economic Science", 특히 part 1을 보라.

95 "Why is Economics not an Evolutionary Science?" 참조.

96 앨프리드 마셜Alfred Marshall과 같은 부분적 예외가 있으나, '지식'이 생산에서 갖는 중요성은 1960년대 들어서야 겨우 학계에서 본격적으로 주목받기 시작했다. 피터 드러커Peter Drucker는 지식이 생산 함수에서 자본이나 노동보다 훨씬 더 중요한 요소임(혹은 요소가 되었음)을 강조했으며, 계량 경제학에서도 '기술 지식'을 생산 함수의 투입 요소로 보아 자본 및 노동이라는 요소와 동일하게 계측까지 하게 되었다. 하지만 이러한 관점은 여전히 지식을 하나의 '투입 요소'로 보는 차원에 머물고 있어서, 요소 생산성이라는 것을 부정하고 사회 전체의 공동 보유 지식에 착목하는 베블런의 관점과는 본질적인 차이가 있다.

97 근대적 소유권의 의미가 이렇게 타인을 배제하는 것에 있으며 따라
서 근대적 소유권은 주권sovereignty과 동일한 정치적 권력이라는 주
장에 대해서는 미국의 사회 철학자 모리스 코언Morris Cohen의 다음
글을 보라. Morris Cohen, "Property and Sovereignty", *Cornell Law
Review* 8(1927~1928). 베블런은 이러한 자본 소유자의 권리를 "투
자자의 자연권natural right of investors"이라는 특유의 냉소적 명칭으
로 불렀다. 다음을 보라. "이 깽판 놓기라는 법적 권리가 주어지지
않는다면, 소유권이란 하릴없는 허장성세 이상이 아니라는 것은 자
명하다. 소유자가 임의대로 소유물을 놀려둘 권력이 없다면, 그리
하여 노동자들의 일손에서 일감을 빼앗아 가고 시장에서 생산물
을 감추어버릴 권한이 없다면, 투자와 영리 기업 활동은 중지될 것
이다. 이것이 재산의 안전한 보호라는 말의 포괄적인 의미이다."
Thorstein Veblen, *Absentee Ownership*, 66~67쪽.

98 동일한 자본재가 이렇게 산업과 영리 활동이라는 두 영역에서 서로
다른 성격의 존재가 된다는 논지는 "Industrial and Pecuniary Em-
ployments"에서 더욱 풍부하게 전개된다.

99 베블런보다 어조가 훨씬 온건하나 베블런과 비슷한 시대에 활동했
던 제도주의 경제학자 커먼스John R. Commons도 무형 자산, 소유권,
자본화에 대해서 마찬가지의 입장을 개진하고 있다. *Legal Founda-
tions of Capitalism*(New York : Macmilan, 1924).

100 Rudolf Hilferding, *Finance Capital*(London : Routledge & Kegan
Paul, 1979(1910)).

101 "Credit and Prices" 참조.

102 1970년대 이후의 미국 자본주의의 변화와 '금융화', 그리고 이것이
자본 축적에 대해 갖는 함의에 대해서는 졸고 〈'금융화'의 이론적
규정을 위한 시론〉,《동향과 전망》(2008년 여름) 참조.

103 이종태, 〈이명박 정부 '금융복합체육성계획' : 재벌, 금융 재편 개혁 '대상'에서 '주체'로 우뚝〉, 《오마이뉴스》(2008년 12월 18일).

소스타인 베블런, 《유한계급론》

국내에 몇 종의 번역이 나와 있으나, 읽어보지 못하여 딱히 어떤 판본을 권할 수가 없다. 이 책을 단순히 20세기 초 미국의 "날강도 귀족들robber barons"의 생활상을 묘사한 흥미로운 기서로 읽을 수도 있지만, 이 책에서 개진되고 있는 개념들—예를 들어 금전적pecuniary 영역, 불한당 근성sportsman instinct 등—이 베블런의 다른 정치경제 저작의 중요한 방법론적 초석을 이루는 것임을 유념한다면 이 책이 진지한 연구의 시작점이 될 수도 있다.

심슨 비클러·조너선 닛잔, 《권력 자본론 : 정치와 경제의 이분법을 넘어서》, 홍기빈 옮김(삼인, 2004)

저자들은 베블런의 '자본＝권력'의 관점을 21세기까지의 현대 자본주의의 경험을 바탕으로 재해석하고 더욱 확장하여 독특한 이론을 개진하고 있다. 이 책은 제1부에서 자본 이론을 둘러싼 혼란을 다루고 있고 제2부에서 베블런의 자본 이론의 의의와 그 현대적 전개를 집중적으로 다루고 있어서, 베블런의 현재적 의의를 알고 싶은 이에게 우선 권할 만하다.

E. K. 헌트, 《경제사상사》, 김성구 옮김(풀빛, 1995)

내가 아는 바로는, 이 책에서 베블런을 다룬 장은 베블런의 경제 사상에 대한 해설로서는 한국어로 출간된 것 중에서 가장 충실하고 폭넓은 것이다. 특히 이 책을 관통하는 저자의 관점은 주류 경제 사상사의 대척점에서 마르크스와 베블런의 입장을 채택하고 있는 것이어서 이 책 전체를 통독하는 것도 큰 도움이 된다. 또 이 책에는 '케임브리지 자본 논쟁'을 설명하는 장과 그 바탕이 된 피에로 스라파의 '재전환' 문제를 설명하는 장이 실려 있고, 신고전파 자본 이론의 원형인 J. B. 클라크나 오스트리아 학파의 뵘 바베르크의 자본 이론도 자세히 설명되어 있다.

로버트 하일브로너, 《세속의 철학자들》, 장상환 옮김(이마고, 2008)

경제 사상사 입문서로서 군계일학의 위치에 있는 이 책은 베블런에 대한 설명에 있어서도 대단히 뛰어나다. 하일브로너 본인도 베블런에게 심대한 영향을 받은 사람이다.

Josephson Matthews, *Robber Barons : The Great American Capitalists 1861~1901*(New York : Harcourt, Brace and Company, 1934)

미국 자본주의 발달의 결정적 시기를 다룬 고전으로, 베블런의 저작이 나오던 시기의 미국 대자본가, 산업의 거물, 금융의 거물들이 어떻게 성장하여 어떻게 자본을 축적했는가를 흥미진진한 이야기로 엮어놓았다. 특히 이 책을 통해 당시의 "날강도 귀족들"이 구체적으로 어떠한 방법으로 영리 활동을 펼쳤는가를 익힌다면 베블런이 개진한 '자본=권력'의 관점이라든가 금융 자본주의 발생과 그 사회적 갈등에 대해서 선명한 그림을 얻을 수 있을 것이다.

홍기빈 mongyangh@hanmail.net

1968년 서울 출생. 서울대학교 경제학과와 외교학과 대학원을 졸업했다. 요크대학교 정치학과에서 지구정치경제학을 공부했으며, 조너선 닛잔 교수의 지도 아래 일본 자본주의의 소유 구조, 금융 체제, 지배 블록의 역사적 융합을 논한 "자본 통제 복합체Capital-Control-Complex" 이론을 구성하여 박사과정을 수료하였다. 사단법인 금융경제연구소 연구위원을 거쳐 현재는 칼폴라니사회경제연구소(KPIA) 연구위원장과 글로벌정치경제연구소 소장으로 일하고 있다. 주요 저서로 《아리스토텔레스, 경제를 말하다》(책세상, 2020), 《비그포르스, 복지 국가와 잠정적 유토피아》(책세상, 2011), 《자본주의》(책세상, 2010), 《투자자-국가 직접 소송제 : FTA의 지구정치경제학》(녹색평론, 2006) 등이 있고, 주요 역서로 개러스 스테드먼 존스의 《카를 마르크스》(아르테, 2018), G. D. H. 콜의 《로버트 오언》(KPIA, 2017), 니크 브란달 등의 《북유럽 사회민주주의 모델》(책세상, 2014), 칼 폴라니의 《거대한 전환 : 우리 시대의 정치·경제적 기원》(길, 2009), 심숀 비클러와 조너선 닛잔의 《권력 자본론 : 정치와 경제의 이분법을 넘어서》(삼인, 2004) 등이 있다. 《프레시안》과 《한겨레 21》 등의 매체에 정기·비정기적으로 칼럼을 쓰고 있다.

자본의 본성에 관하여 외

초판 1쇄 발행 2009년 2월 5일
개정 1판 1쇄 발행 2018년 7월 30일
개정 1판 3쇄 발행 2020년 10월 12일

지은이 소스타인 베블런
옮긴이 홍기빈

펴낸이 김현태
펴낸곳 책세상
등록 1975. 5. 21. 제1-517호
주소 서울시 마포구 잔다리로 62-1, 3층(04031)
전화 02-704-1250(영업) 02-3273-1334(편집)
팩스 02-719-1258
이메일 editor@chaeksesang.com
광고·제휴 문의 creator@chaeksesang.com
홈페이지 chaeksesang.com
페이스북 /chaeksesang   **트위터** @chaeksesang
인스타그램 @chaeksesang   **네이버포스트** bkworldpub

ISBN 979-11-5931-252-6 04320
         979-11-5931-221-2 (세트)

이 도서의 국립중앙도서관 출판예정도서목록(CIP)은 서지정보유통지원시스템 홈페이지
(http://seoji.nl.go.kr)와 국가자료종합목록 구축시스템(http://kolis-net.nl.go.kr)에서
이용하실 수 있습니다.(CIP제어번호: CIP2018019277)

책세상문고·고전의 세계

책세상문고·고전의 세계